주식초보
탈출기

바로 수익 내는

한국형
주식투자

바로 수익내는 한국형 주식투자

최원철 지음

초판 1쇄 발행 · 2005년 11월 21일
초판 3쇄 발행 · 2009년 6월 5일

발행처 · 청아출판사
발행인 · 이상용 이성훈

등록번호 · 제 9-84호
등록일자 · 1979년 11월 13일

경기도 파주시 교하읍 문발리 출판문화정보산업단지 507-7 우편번호 413-756
대표 031-955-6031 편집부 031-955-6032 팩시밀리 031-955-6036

＊값은 뒤표지에 있습니다.   ＊잘못된 책은 구입한 서점에서 바꾸어 드립니다.

ISBN 978-89-368-0329-2   03320

독자 의견에 항상 귀 기울이고 있습니다.
홈페이지 : www.chungabook.co.kr
E-mail : chunga@chungabook.co.kr

주식초보 탈출기

바로 수익 내는

한국형 주식투자

최원철 지음

청아출판사

　최근 주가가 많이 오름에도 불구하고 개인투자자들은 큰 재미를 보지 못하고 있다. 주가가 전체적으로 상승하면 모든 주식이 올라야 하는 것이 상식이지만 야속하게도 개인투자자들의 주식은 오르기는커녕 오히려 그 반대여서 당혹감마저 준다.

　대체로 일반투자자들은 주식을 살 때 시장을 이끌어가는 주체세력을 파악하지 않고 개인적인 판단만으로 종목을 선택한다. 이러한 이유 때문에 주가는 사상 초유의 수치를 경신하는데도 유독 '내 주식'만 떨어지고 있는 것이다.

　주식시장은 약육강식의 논리가 적용되는 정글 같은 곳이며, 이곳을 지배하는 '대장'이 주가의 방향을 이끈다. 초보투자자나 일반투자자들이 주식시장에서 성공하려면 우선 자금력 있고 정보력 있는 대장이 누구이며, 그들이 사는 종목이 무엇인지부터 파악해야 한다.

　시장을 주도하는 대장은 자금력과 정보력이 월등히 앞서는 기관투자자들이나 외국인투자자들이다. 만약 개인투자자들이 이들의 매매동향에

관심을 둔다면 상승장에서 소외되는 불운한 일은 절대 없을 것이다.

　필자는 주식투자로 밥을 먹는 현역 트레이더이다. 이러한 직업 때문에 시장에서 여러분과 함께 웃고 울다 보니 누구보다 초보투자자들과 일반투자자들이 겪는 애로사항을 잘 알고 있다. 그래서 이러한 어려움과 궁금증을 해결할 수 있는 방법들을 체계적으로 정리하기 위해 시작한 일이 지금에야 결실을 맺게 되었다.

　이 책은 초보투자자들이 실전에서 활용할 수 있는 매매테크닉과 노하우, 상승장에서 잘 통하는 역발상 매매기법도 소개했다. 그리고 거창한 이론적인 내용보다는 필자가 실전에서 경험했던 모든 것들을 일반투자자들이 실질적으로 활용할 수 있게 하는 것에 중점을 두었다. 부디 이 책이 수익내는 주식투자 방법에 갈증을 느끼는 분들에게 해갈의 기쁨을 조금이나마 안겼으면 하는 바람을 가진다.

2005년 11월
최원철

주식투자성공포인트

옛 속담에 호미로 막을 것을 가래로 막는다는 말이 있는데 주식투자에 딱 들어맞는 말이다. 주식투자에서 실패한 투자자들의 실패 원인을 분석해보면 대부분 주가가 떨어졌을 때 적은 손실을 받아들이지 못하다가 오히려 주가가 크게 하락하여 회복하지 못할 정도의 손실을 초래하는 경우가 많다. 필자가 20년 동안 실전에서 얻은 경험에 비추어보면 주식투자의 성공비결은 어떤 종목에 얼마나 잘 투자했느냐가 아니라, 투자에 실패했을 때 더 큰 손실을 줄이기 위해 얼마나 빨리 주식을 팔 수 있느냐(손절매)에 달려 있다.

손절매(스톱로스)란, 주식 매수 후 주가가 하락하여 일정 손실 이상이 발생하여 추가 하락 가능성이 있을 때 미련 없이 주식을 파는 것을 말한다. 각자가 정해놓은 규칙에 따라 실행되지만 10~15% 정도의 손실에서 이루어지는 경우가 보통이다. 요즘에는 증권사에서 제공하는 거래프로그램(HTS ; Home Trading System)에 스톱로스 기능이 너무 잘 돼 있어 컴퓨터에 손절매할 가격만 입력하면, 결단력 없는 개인투자자도 기관투자자들 못지않게 손절매를 기계적으로 할 수 있다.

주식투자에서 손절매의 중요성은 이 분야에 관록을 자랑하는 분들의 입을 통해서 무수히 들었을 것이다. 어느 누가 손해보고 주식을 파는 것을 좋아하겠는가? 하지만 제 때 손절매를 하지 않는다면 주식이 반토막이나 그 이상이 되어 감당할 수 없는 아찔한 경우를 맞게 된다. 하지만 손절매를 한다는 것은 현금을 확보하여 다시 만회할 수 있는 희망을 얻는 것이다. 신이 아닌 이상 주식투자에 모두 성공할 수는 없다. 다라서 주식투자에 성공하기 위해서는 실패했을 때 손절매로 위기를 탈출하는 지혜가 필요하다. 이 책을 끝까지 읽는 독자들이라면 손절매를 제 때 못해 반토막 난 주식을 붙잡고 후회하는 우를 절대 범하지 않을 것이다.

　주식투자는 자신과의 싸움이다. 승자가 되기 위해서는 투자를 할 때마다 일정 가격으로 떨어지면 손절매하겠다는 마음을 가져야 한다. 그리고 꼭 지켜야 한다. 손절매 원칙을 정해놓고도 지키지 못한다면 결국 패자가 될 수밖에 없음을 잊지 말자.

1

초보투자자가
주식에 성공하는 법

주식매수 5가지 원칙

주식투자에 성공하는 요인은 종목 선택, 매매타이밍 그리고 절제하는 마음가짐의 조화다. 그 중에서도 어떤 종목을 언제 사야 할 것인가는 초보투자자들에겐 가장 중요한 요소다.

세상 모든 일이 그렇듯 한 분야를 오래 연구하다보면 꼭 필요한 것은 몇 가지가 안 되지만 그것을 얻기 위해서는 많은 시간과 노력을 기울여야 함을 알 수 있다. 필자 또한 20년이란 긴 시간을 주식에 투자하는 동안 수많은 전략과 투자기법을 익히고 활용하면서 아주 단순하고 명료한 노하우를 얻을 수 있었다. 사실 고수들의 매매기법을 연구해보면 너무 단순하여 웃음이 나는 경우도 있다. 하지만 복잡한 것을 단순하게 정리한다는 것은 높은 경지에 올라야만 가능한 것임을 잊지 말자. 필자가 소개하는 몇 가지 기법만 잘 기억해두어도 주식투자하는 데 소요되는 시간을 단축할 수 있을 것이다.

1. 망하지 않을 주식을 사자

'식당개 삼년이면 라면을 끓인다'고 하지만 주식시장에서 3년 아니라 그 이상을 있어도 라면을 끓여내기는 쉽지 않다. 주식투자를 꽤 했다는 분들도 주식의 방향성을 제대로 못 찾고 살 때 팔거나 팔 때 사는 경우가 허다하다. 하물며 초보투자자들에게는 수익은커녕 망하지 않을 종목을 찾는 것조차 쉬운 일이 아니다.

필자가 예전에 직장생활을 하며 주식투자를 할 때 공모주청약으로 몇 주의 주식을 받은 적이 있었다. 양이 적다보니 신경 쓰지 않고 잊고 지내다가 몇 년이 지난 뒤 문득 생각나 계좌를 열어보니 한 주도 남아 있지 않았던 기억이 있다. 어렵던 시절에 모두 망해버려 상장이 폐지된 것이었다.

초보투자자들은 우선 수익을 남기는 것보다도 휴지가 되지 않을 주식을 고르는 안목부터 키워야 한다. 그러기 위해서는 우선 지나친 저가주는 가능한 한 무시하는 것이 현명하다. 하지만 반드시 매수하고 싶은 주식이 있다면 기업의 구조나 최근 실적 등을 잘 살펴보아야 한다.

초보투자자들은 잘 모르는 내용일 테지만 액면분할한 경우를 제외하고는 자본이 잠식된 관리종목이거나 투자에 유의해야 할 종목들은 주가가 몇 백원에 불과한 경우도 많다. 따라서 싸다고 함부로 매수했다가는 시장에서 이 종목이 아예 사라지는 경우도 발생할 수 있다. 망하 버려 휴지가 된다면 무슨 소용 있겠는가. 투자할 때 무엇보다 우선시 해야 할 점은 망하지 않을 주식을 사는 것이다.

2. 저가주보다 고가주를 사자

거래소나 코스닥에 상장된 우량하고 안정성 있는 중·대형주에 투자하자. 주가가 몇 백원에 불과한 저가종목이라든가, 기업실적이 늘 적자인 부실주에 투자하는 것은 주가를 조정하는 세력들의 작전에 휘말리기 쉬울 뿐만 아니라 주가가 갑자기 폭락해 큰 손실을 떠안을 수도 있다.

만약 어떤 주식이 부실주인지 판단이 서질 않거나 모르겠다면 가능한 한 저가주보다는 고가의 주식을 골라라. 비싼 데는 다 이유가 있고 싼 데는 또 그만한 이유가 있다. 주가는 그 종목의 현재와 미래가치가 모두 반영되기 때문에 우량한 주식일수록, 유망한 주식일수록, 안정적인 주식일수록 고가에 거래된다.

3. 외상 안 주는 주식은 사지 말자

주식시장에서는 매수시 위탁증거금 40% 정도만으로도 2.5배의 주식을 살 수 있으며, 우량한 주식들은 20~30% 정도의 위탁증거금만으로도 매수할 수 있다. 반면 어떤 주식들은 100% 증거금을 요구하기도 한다.

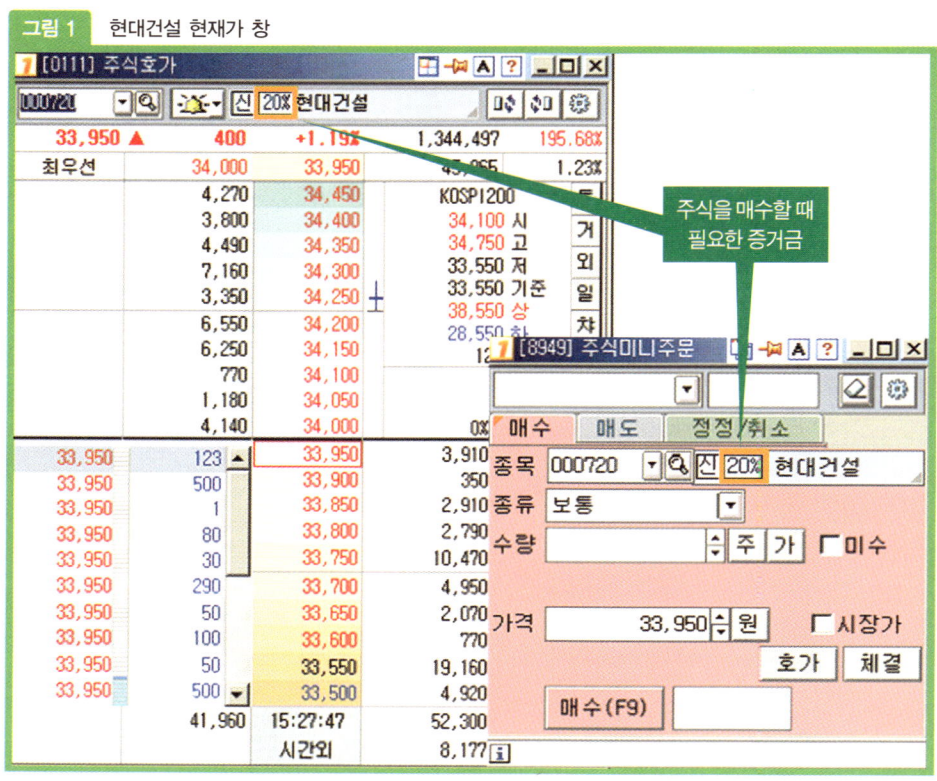

그림 1   현대건설 현재가 창

모두 그렇다고 단정할 수는 없지만 거래할 때 증권회사에서 외상을 안 주거나(증거금 100% 요구) 덜 주는 데는 그럴만한 이유가 있다. 안전하고 우량한 주식을 원하는 초보투자자라면 가능한 한 외상을 많이 주는 주식에 투자하면 실수가 없을 것이다. 보통 미수(외상 매입) 가능 정도는 현재가 창이나 매수 주문창에서 쉽게 알 수 있다.

여기서 예로 든 현대건설은 증거금을 20% 요구하므로 자기자금의 5배의 주식을 살 수 있다. 그러나 적은 돈으로 많은 양의 주식을 살 수 있다고 마냥 좋아해서는 안 된다. 미수로 매수하면 수익도 5배로 낼 수 있지만 손실도 5배로 커진다는 것을 항상 명심해야 한다.

미수는 투자자들에게 희망을 안겨주는 반가운 손님이지만 때로는 치명적인 절망을 안겨줄 수 있는 불청객이기도 하다. 따라서 초보투자자들은 가능한 한 경험을 쌓은 후에 미수를 활용하는 것이 바람직하다.

4. 차트를 보고 타이밍을 잡자

차트는 정보의 또 다른 얼굴

어느 정도 투자에 안목이 생기면 그 다음은 종목을 분석해보자. 어렵게 생각하지 말고 우선 현재부터 이전 몇 년간 투자하고자 하는 기업의 실적과 관련된 뉴스, 증권사리서치, 그리고 정보 등을 모두 검색해보자(증권사 거래프로그램의 종목별 뉴스란이나 증권정보 제공 인터넷사이트에서 몇 년 분량의 관련 기사를 볼 수 있다).

검색한 뉴스에 실적 상승이 기대된다거나 주력상품이 인기 절정이라거나 여름에 특수를 누릴 수 있다거나 분기실적이 좋아졌다거나 흑자전환이 됐다는 뉴스가 이어졌다면 최소한 그 기업이 망하지 않을 것이라는 기대는 할 수 있다.

그 다음부터 잘 모르겠다면 차트에 모든 걸 맡겨보자. 개미투자자들은 주식시장에 대한 정보 획득이 기관투자자들이나 외국인투자자들보다 뒤처져 있다. 그리고 기업의 정보를 알아내기도 어려울 뿐만 아니라 미디어나 각종 매체를 통해 얻는 정보는 이미 공개된 한물 간 정보이기 때문에 활용가치가 매우 떨어진다. 만약 이러한 정보를 통해 매수세에 합류라도 할 태세를 취하면 이미 장대양봉이 연이어 하늘 높이 솟아 있어(몇 일 큰 폭 상승) 함부로 추격해 매수했다가는 매도세력들의 공세에 큰 낭패를 보고 만다.

차트는 과거의 흐름을 기록한 것인데 그것을 믿고 투자해도 되느냐고 묻는 투자자들이 있다. 하지만 차트에는 현재의 뉴스나 기업의 사정이 대부분 반영되기 때문에 과거를 통해 미래의 주가 움직임을 예측할 수 있다. 간혹 주가가 먼저 뛰어 정보가 미리 유출됐다며 공정성 시비가 이는 이유가 여기에 있다. 따라서 정보를 재빨리 얻을 수 없는 개인투자자들로서는 알 수 없는 그 무언가를 얻어낼 수 있는 유용한 분석도구로 삼아야 한다.

예를 들어 어떤 기업에 매우 중요한 투자정보가 있다고 가정해보자. 이 기업에서는 이 일을 극비로 처리하겠지만 기업 내에서 새로운 기운이 일고 있음을 과연 직원들이 감지하지 못할까? 아마도 중요한 정보를 미리 아는 사람들이나 그 주변 사람들은 주식을 대량 매수할 수도 있을 것이다. 이러한 매수세의 증가는 수요와 공급의 균형을 깨뜨려 결국 차트에 어떠한 신호를 보낼 수밖에 없게 된다. 이때쯤 되면 소위 말하는 '차트 모양이 좋다' 는 식으로 주가가 표현되기 마련이다.

따라서 정보에 가장 뒤처져 있는 개미투자자들로서는 차트가 보내는 신호를 재빨리 읽어내 차트 모양을 사는 수밖에 없다. 아마 이런 주식들은 정보가 공개된 후 주가를 거슬러 올라가보면 어찌된 연유인지는 몰라도 정보 공표 전에 주가가 이미 크게 상승했음을 쉽게 발견할 수 있다. 그런 이유 때문에 차트는 정보의 또 다른 얼굴이며 모든 정보는 차트에 반영됨을 알 수 있다.

차트를 보면 매매타이밍이 보인다

차트는 과거의 주가를 기록한 것이라고 단순하게 생각할 수 있지만 과거의 주가 움직임을 분석해보면 미래의 주가를 예측할 수 있다. 또한 차트는 과거의 주가 움직임을 알아보기 쉽게 그림으로 표시해 놓은 것이므로 과거 주가의 흐름이나 습성을 관찰하면 매매타이밍을 정확히 잡아낼 수 있다.

분석이라고 하면 막연하고 상당히 어려운 듯한데 앞으로 설명할 몇 가지 간단한 분석도구를 활용하면 타이밍을 찾아내는 데 충분하므로 그리 걱정할 필요는 없다.

주식투자를 처음하는 분들은 놀라겠지만 보통 저가의 중·소형주들은 자금력 있는 주가 조종세력들이 인위적으로 차트 모양을 만들어 매수자들을 유혹한다. 그리고 이들은 때가 되면 주가를 띄워 차익을 실현하곤 한다. 이들은 차트 모양을 아주 좋아 보이게 만드는데 차트를 면밀히 분석해보면 대박을 터뜨릴 종목도 찾을 수 있고, 그들이 주가를 띄울 시점도 잡아낼 수 있다.

　주가 조종세력들의 수익목표는 최소한 수십 %에서 최대 몇 백 %이기 때문에 일단 주가가 상승하기 시작하면 가파르게 상승한다. 따라서 개미 투자자들이 이런 종목에서 대박을 터트리려면 평상시 차트 분석을 통해 가능성 있는 종목들을 고르고 주시하다가 상승 초기에 따라잡아야 한다 (타이밍 잡는 방법은 차후에 자세히 설명할 것임).

　그렇지만 개인투자자들은 주가가 지나치게 오른 종목들을 뒤늦게 올라타거나 지나친 욕심으로 한 번에 큰 수익을 내려다 결국 수익을 못내는 경우가 허다하다. 하지만 적절한 종목을 가려낼 줄 알고 지나친 욕심을 버린다면 상승 초기가 다소 지났더라도 충분히 수익을 내고 빠져 나올 수 있다.

큰 손들이 매수하는 종목은 차트 모양이 좋다

　주식시장의 큰 손인 외국인투자자들이나 기관투자자들은 차트 모양이 제대로 갖춰지지 않은 종목에 대해서는 거들떠보지 않는다. 이 때문에 이들이 매수한 종목은 주가가 오르는 경우가 많다.

　필자가 오랫동안 외국인투자자들의 매매패턴을 연구한 바에 의하면 이들은 주가가 충분히 하락하여 자력으로 차트 모양을 제대로 갖추지 않으면 결코 매수에 임하지 않는다. 그리고 이들이 매수하는 종목은 매력적인 차트 모양을 갖춰가는 경우가 대부분이었다.

세력들이 만드는 종목이든 기관이나 외국인투자자가 매수하는 종목이든 결국 상승하는 종목은 모두 차트 모양이 좋다는 결론이다. 그러므로 큰 손들이 사는 종목이 확실하다면 매수를 고려해도 좋다.

주가는 정보보다 앞선다

필자의 경험에 의하면 주가가 항시 뉴스보다 앞서 갔다. 주가의 움직임이 시작된 종목에 대해 뉴스 출현 전의 주가 움직임을 조사해보면 희한하게도 중요 뉴스나 정보 출현 이전에 이미 주가가 움직였음을 알 수 있다. 이처럼 정보가 차트에 미리 반영된다는 주식의 생리를 이해하고 일봉, 주봉 등의 차트들과 여러 유용한 기술적 지표들을 면밀히 분석해보면 주가의 움직임이 심상치 않음을 차트에서 찾아낼 수 있다.

하지만 대부분의 초보투자자들은 각종 차트 지표들을 보고 미리 겁 먹고 물러나기 쉬운데 너무 부담스러워 할 필요는 없다 다음에 설명되는 몇 가지 핵심적 분석법을 확실히 익히고 활용한다면 초보자도 전문가 못지 않은 분석력을 갖출 수 있음을 확신한다.

차트가 자연적으로 모양이 갖추어졌든 조종세력들에 의해 만들어졌든 좋은 모양을 갖추면 주가는 반드시 상승한다. 따라서 어떤 종목들이 좋은 종목인지, 어떤 차트 모양 좋은지, 정확한 매매타이밍이 언제인지는 다음에 소개되는 몇 가지 분석법들을 통해 충분히 익힐 수 있을 것이다.

참고로 필자가 차트 분석을 설명하지만 사실 차트 분석 자체는 종목과

타이밍을 찾는 분석도구이므로 경제 상황과 증시 주변의 상황 등을 함께 참조해야 한다.

5. 거래량이 많은 종목을 사자

주식시장에는 시세를 조정하려는 세력들이 존재하며 시세를 움직이거나 차트 모양을 만들어가는 경우가 있다고 앞서 말했다. 이들이 선호하는 주식들은 거래량이 적거나 초저가주들인데 이들에게 당하지 않으려면 가능한 한 거래량이 많은 주식을 선택하는 것이 좋다. 그러나 단순하게 거래량만 따지지 말고 주식의 가격도 고려해야 한다. 필자의 생각엔 초보 투자자라면 일일거래가 1만 원짜리 주식 100만 주, 100억 정도의 거래가 이루어진다면 안심해도 좋을 듯하다(5,000원짜리 주식이라면 200만 주 정도, 2,500원이라면 400만 주 정도, 1,000원짜리 1,000만 주 정도).

가격이 몇 백원에 불과한 저가주나 거래량이 극히 적은 주식은 불순한 세력들이 주가 형성에 개입해 가격을 조작할 수 있으며, 자금력이 어느 정도 있는 일반투자자라도 마음만 먹으면 시세를 조정할 수 있다. 예를 들면 500원짜리 주식이 하루 100만 주 거래된다고 가정해보면 거래금액은 5억 원 정도이며, 500만 주 거래되었다 해도 일일거래대금이 25억 원 정도에 불과하다. 이런 경우 총 거래량의 20% 정도면 주가를 의도하는 대로 움직일 수도 있다. 따라서 거래량만 보지 말고 융통성 있게 거래대금도 참고해야 한다.

일반투자자들은 주식투자로 얼마의 수익을 내려는 생각보다는 매수한 후 애 태우지 않을 종목을 골라 투자한다면 자연스럽게 수익을 낼 수 있다. 따라서 절대 망하지 않을 주식과 불순세력의 힘에 휘둘리지 않을 안정적인 종목을 최우선시하자.

2

싸게 사서
비싸게 파는 법

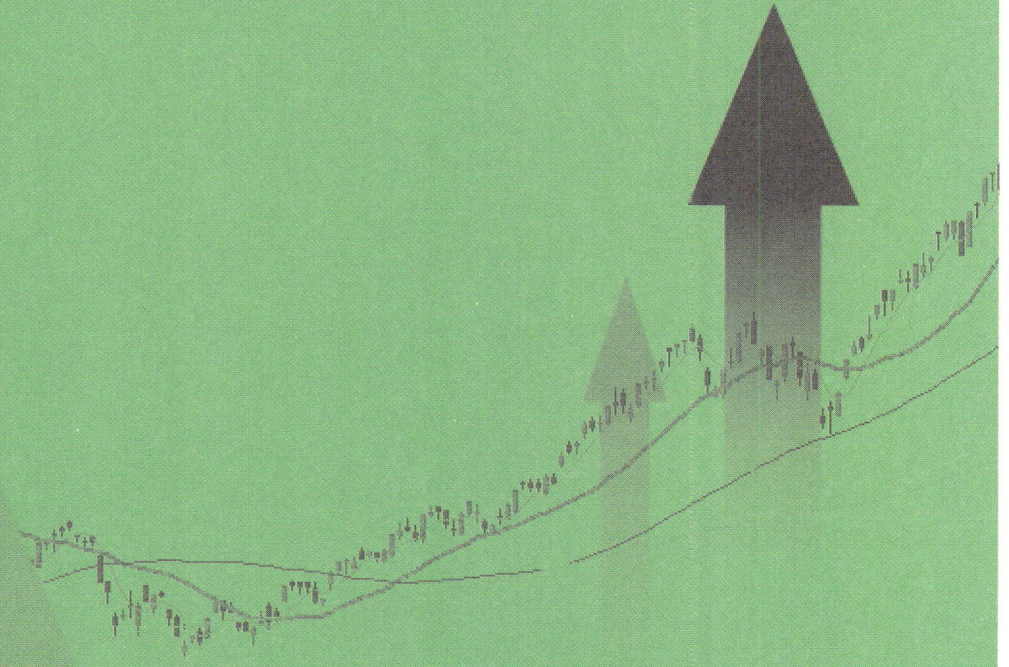

주가 추세를 이용하는 방법

1. 주가 추세를 이용하여 주식을 싸게 사는 방법

　주가는 주식시장에 참여하고 있는 투자자들의 심리상태에 의해 일정한 방향으로 움직인다. 그리고 한번 방향을 잡으면 특별한 악재나 호재가 작용하기 전까지 한 방향으로 나아가려는 성질이 있다. 이러한 주가의 특성을 이용한 매매법을 추세매매법이라 한다.

　주가의 방향성은 추세(Trend)라고 하며 추세를 선으로 그은 것을 추세선이라 한다. 추세선을 그을 때 상승추세선은 주가의 좌측 아래 꼭지점(저점)에서 우측 위쪽 꼭지점으로 그으면 되고, 하락추세에서는 좌측 위 꼭지점(고점)에서 우측 아래 꼭지점 쪽으로 그으면 된다.

　추세선은 단순한 주가의 방향성을 알려줄 뿐만 아니라 지지·저항선

의 역할을 한다. 다음 그림과 같이 상승추세에서는 지지선 역할을 하며,
하락추세에서는 저항선 역할을 한다. 주가는 믿기지 않을 정도로 이 추세
선을 따라 근접했다 멀어지는 것을 반복하는데 주로 중·대형주일수록
이러한 추세흐름이 정확하다. 그리고 추세선에 근접할 때를 매매타이밍
으로 잡으면 된다.

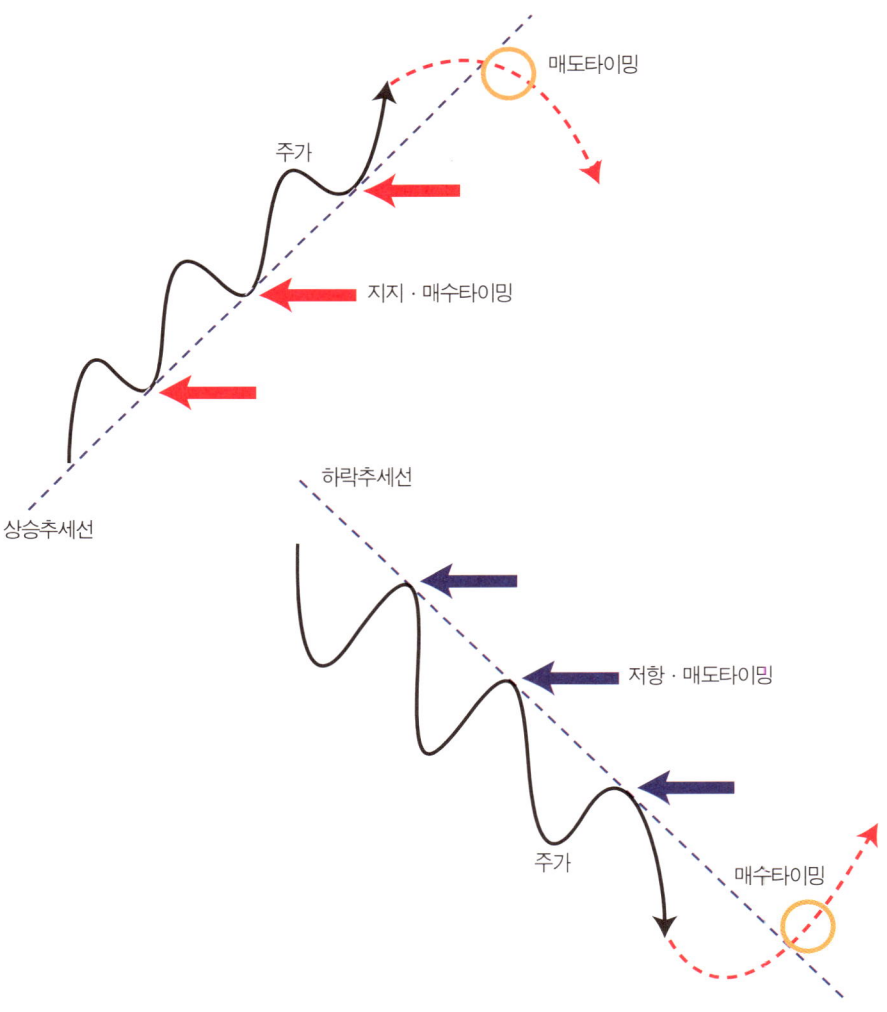

초보투자자들의 저가매수 포인트

주식투자할 때 가장 중요하고도 손쉬운 매매법이 추세매매법이다. 초보투자자라도 일봉차트에 추세선을 그어보면 주가의 흐름을 쉽게 판단할 수 있다.

추세를 이용해 주식을 저가에 바닥매수하는 방법은 무척 어려울 듯하지만 사실 너무나 간단하다. 지리하게 하락추세를 이어가던 주가가 어느 순간 하락추세선을 상향돌파할 때가 바로 이론적인 매수타이밍이다. 하지만 저가에 매수하지 못하고 주가가 상승했다든가, 상승하는 종목에 편승할 때는 주가가 추세선과 근접하면 주가의 재상승을 예상할 수 있으므로 이때를 매수타이밍으로 잡으면 된다.

추세선 돌파매수법은 추세선을 돌파할 때 매수하는 방법과 눌림을 받

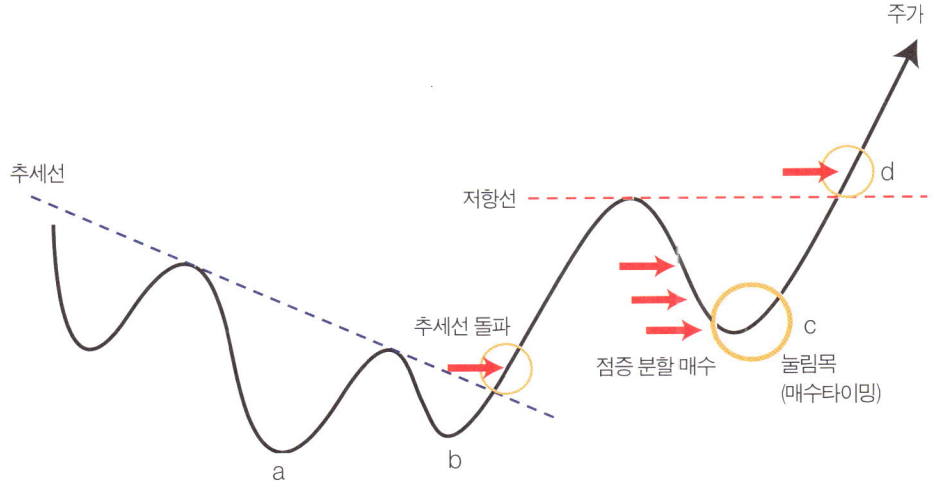

을 때 매수하는 방법, 이전 고점을 돌파할 때 매수하는 방법 등 3가지가
있다. 초보투자자들에게 가장 안전한 매수타이밍은 그림과 같이 추세선
상향돌파한 후 눌림(주가 조정)을 받은 후 상승세로 돌아섰을 때이다.

그림 1 대신증권 일봉차트

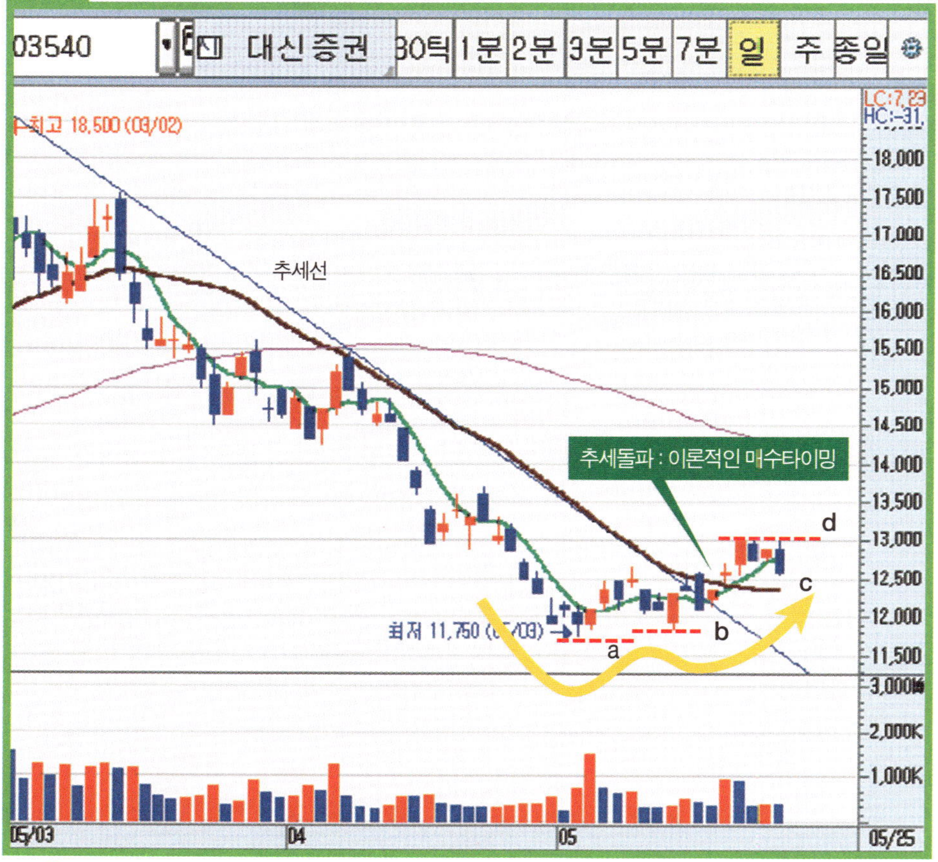

초보투자자들의 매수시점은 c지점이고, 경험 있는 투자자들은 d지점이 좋다.
d지점에서 매수해야 하는 이유는 차후 주가 상승의 확실성이 높기 때문이다.

만약 눌림목(c)에서 매수타이밍을 잡는 데 자신이 없다면 주가가 저항선에서 머물다가 몇 일간 하락할 때 점증 분할 매수(1, 2, 3, 5 또는 1, 2, 4, 8)하는 것도 좋다. 그리고 고가매수가 되겠지만 이전 고점을 돌파할 때 (d)를 매수타이밍으로 잡는 것도 좋은 방법이다. 사실 눌림에서 산다는 것은 싸게는 사겠지만 반드시 주가가 오를 것이라고 확신하기는 어려우며, 경우에 따라서는 지지·저항점인 저점(a, b) 아래로 하락할 수 있다.

그러나 초보투자자들이나 저가에 안전매수하려는 투자자들은 주가가 뛰기 시작하면(큰 폭 상승) 추격매수하거나 이전 고점돌파시(d)에 과감하게 따라붙는 것을 두려워하기 때문에 반드시 눌림목(c)을 매수타이밍으로 잡아야 한다.

중·고수들의 바닥매수 포인트

배짱 있고 경험 많은 사람들(중·고수)은 좀 더 확실성이 있는 매수시점을 기다리는데 그 지점이 〈그림 1〉의 d지점이다. 물론 d지점이 c지점보다는 고가지만 눌림에서 상승추세로 전환한 후 이전 고점가격을 넘어설 때는 주가의 추가상승이 예견되기 때문이다.

그리고 이전의 고점을 돌파하는 데는 상당한 시일이 소요될 수 있으므로 불확실성을 제거할 수 있는 시점이기도 하다. d지점은 그림과 같이 바닥저점이 'W' 모양으로 상승하므로 주가가 추세선을 돌파한 후 눌린 지점보다 추가 하락하더라도 b지점이나 a지점에서 반등할 수 있기 때문에 안전한 매수타이밍이 된다.

하락추세를 이어가는 주식의 매수타이밍 찾기

하락하는 주식을 매수하려고 할 때 가장 쉬우면서도 어려운 일은 주가의 하락 정도를 파악하고 매수 여부를 판단하는 것이다. 하지만 주식에 대한 섣부른 판단은 반드시 큰 화를 초래하기 때문에 주가가 일시적으로 상승했더라도 하락추세가 바뀌지지 않는 한 매수의 눈길을 주어서는 안

그림 2   주성엔지니어링 일봉차트

매수타이밍은 반드시 주가가 하락추세선을 돌파한 후로 잡아야 한다. 그리고 초보투자자들은 반드시 눌림을 받을 때 매수해야 한다.

된다. 반드시 추세선을 돌파한 후 매수해야 한다. 특히 초보투자자들은
추세매매법을 익혀 매매타이밍 포착과 매수하면 안 될 주식을 매수하는
우를 범하지 않기 바란다.

　〈그림 2〉의 주성엔지니어링 일봉차트를 보면 주가가 추세선을 돌파할
때 매수했어도 좋았지만 안전하게 눌렸을 때(c지점) 매수했다면 더 좋은
결과를 얻었음을 알려주는 좋은 예이다.

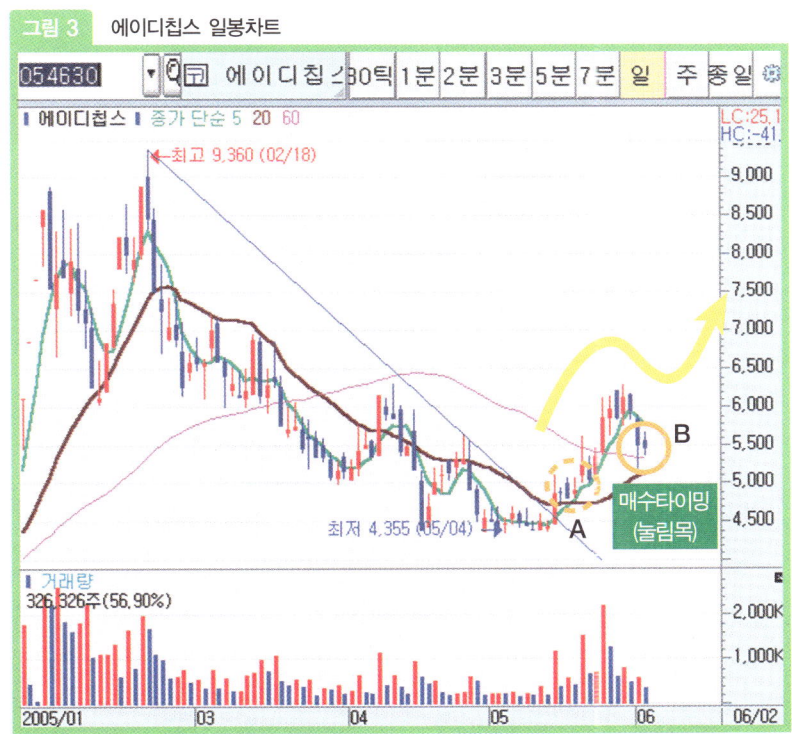

 지나치게 싸게 사려다 주가가 다시 하락한다면 손실을 볼 수 있으므로
초보투자자들은 B지점에서 안전하게 매수하는 것이 좋다.

〈그림 3〉의 에이디칩스 일봉차트는 추세선 돌파매수의 또 다른 예이다. 추세선을 돌파한 후 매수(A)해도 되겠지만, 안전성을 확보할 수 있는 눌림목(B)에서 매수했어도 매수가격은 거의 비슷했을 것이다.

확률 높이는 실전 매수타이밍 찾기

추세선을 이용해 매수타이밍 잡는 방법을 익혔다면, 이제 실전에서 일어날 수 있는 몇 가지 복합적인 예를 살펴보자.

| 그림 4 | 한솔제지 일봉차트 |

a, b지점의 지지가 확실해 보이므로 눌림시 적극 매수해야 한다.
만약 눌림목에서 매수에 실패했다면 주가 조정기에 적극 매수를 고려해야 한다.

〈그림 4〉의 한솔제지 일봉차트를 보면 누가 매수하더라도 손해나지 않을 것이라고 확신할 수 있다. 뒤에 나올 지지·저항선에서 보다 자세히 설명하겠지만, 이 주식은 a지점의 강력한 지지가 있었기 때문에 b지점에서 반등한 것이라 보아야 한다. 그리고 반등한 뒤에는 다시 a, b지점이 강력한 지지선이 될 것이다. 또한 정석대로 추세선을 돌파한 후 눌림목에서 매수하였다면 주가가 하락해도 a, b지점의 강력한 지지를 받기 때문에 다시 상승하거나 반등을 예상할 수 있다.

따라서 초보투자자들은 추세선으로 매매타이밍을 잡고, 주가에 영향을 미치는 지지·저항점, 거래량, 매물대 등 여러 요인들을 복합적으로 적용하면 더욱 확실한 매매타이밍을 찾을 수 있게 된다.

초보투자자를 위한 눌림목 매수 요령과 주의점

여러 매수타이밍을 거론하였지만 필자가 초보투자자에게 권하는 매매는 눌림목 매수임을 기억하기 바란다. 초보투자자가 주식투자를 가장 안전하게 하는 방법은 저가에 주식을 매입하고 주가가 오르면 적절한 시기에 차익을 실현하는 것이다.

추세매매법은 초보투자자들이 저가매수를 할 수 있는 좋은 방법이다. 중·고수들은 추세선을 돌파할 때 먼저 선취매하거나 저항선을 돌파할 때 추가매수하기도 하지만 이런 매매법은 주식투자에 경험이 쌓이면 활용할 방법이며, 초보투자자들은 중·장기적 관점으로 접근해야 할 기법들이다.

초보투자자들과 중 · 고수들의 매수시점은 가격의 차이가 다스 있겠지만 큰 그림으로 보면 무시해도 좋을 정도다. 따라서 어디서 매수했건 확실한 바닥매수가 됐음을 알 수 있다. 따라서 초보투자자는 위험을 감수하며 조금 더 싸게 사려고 무리수를 둘 필요는 없다. 필자 경험에 의하면 위험을 줄이고 안정적인 매수를 하다보면 수익은 자연스럽게 실현된다. 무리수를 두었을 때 시장은 맹공격함을 잊지 말자.

〈그림 5〉의 동부제강 일봉차트는 추세매매법을 제대로 적용시킬 수 있는 종목들 중 하나다. 첫 번째 눌림은 20%나 상승한 후 발생해 경험 없는 초보투자자들이 따라붙기에는 만만치 않다. 눌림에서 조정이 별로 없이 곧바로 상승했는데 눌림이 적다는 것은 그만큼 주가 상승세가 강하다는 것으로 보아도 무리가 없다.

주식투자에 대한 경험이 조금 있다면 눌림에서 매수하지 못했더라도 포기하지 말고 단기매수의 기회를 노려보자. 우선 주가가 추세선을 돌파한 후 급등했고 약간의 조정으로 재상승했으므로 이럴 때는 이전 고점을 돌파하는 시점에서 사는 것도 현명하다. 큰 조정 없이 재상승한다는 것은 주가가 그만큼 상승탄력이 강함을 뜻한다. 이때 주의할 점은 주가가 아니다 싶으면 재빨리 손절매하는 재치를 잊지 말자.

초보투자자들을 위한 실시간 매수요령을 살펴보면 다음과 같다. 우선 매수 당일의 분차트와 일봉차트를 동시에 띄워 놓고 이전 고점을 돌파함을 확인한다. 하지만 최종적인 결정은 분차트의 움직임을 보고 해야 한

그림 5   동부제강 일봉차트

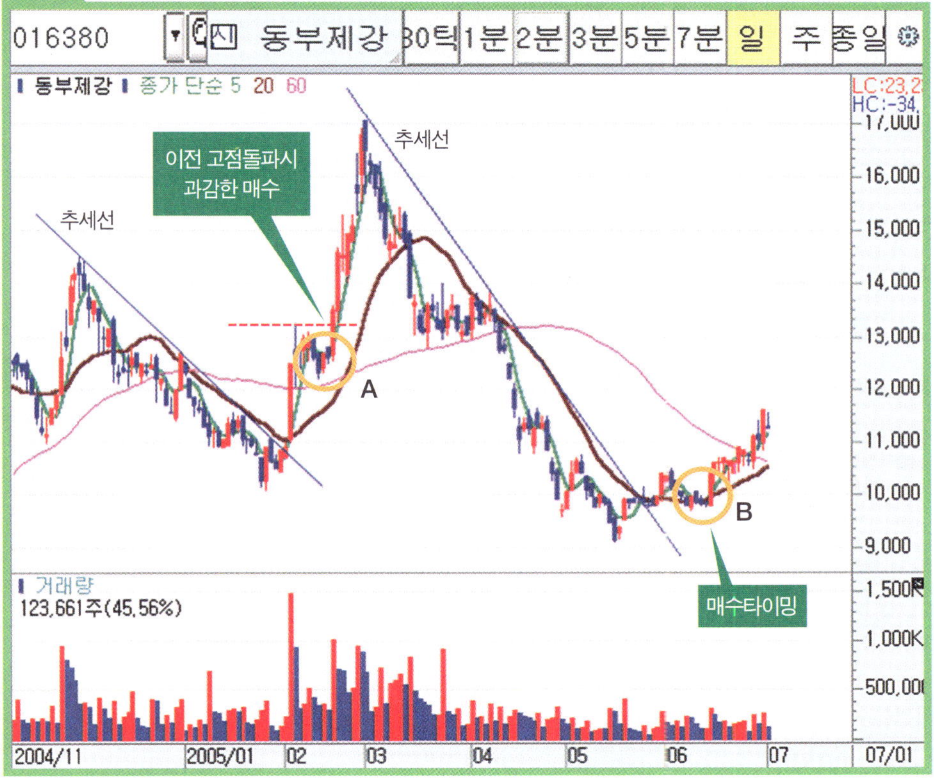

| 016380 | ▼ⓒ | 동부제강 | 30틱 | 1분 | 2분 | 3분 | 5분 | 7분 | 일 | 주 | 종일 | ⚙ |

▮ 동부제강 ▮ 종가 단순 5 20 60

이전 고점돌파시
과감한 매수

추세선

추세선

A

B

매수타이밍

LC:23,2
HC:-34,
17,000
16,000
15,000
14,000
13,000
12,000
11,000
10,000
9,000

▮ 거래량
123,661주(45,56%)

1,500K
1,000K
500,000

2004/11   2005/01   02   03   04   05   06   07   07/01

A지점과 같이 눌림이 적다는 것은 주가가 강하다는 뜻이다. 따라서 A지점은 경험이 많은 투자자들의 매수타이밍으로, 그리고 B지점은 초보투자자들의 매수타이밍으로 삼는 것이 좋다.

다. 이때 주가가 매우 강력한 상승(장대양봉)을 보인다면 한동안 상승 가능성이 있다고 판단할 수 있다. 따라서 적극적인 매수가 필요하다(자신 없다면 종가 매수도 좋음).

〈그림 6〉의 대신증권 일봉차트는 추세매매법을 적용했을 때 정확한 타

그림 6 | 대신증권 일봉차트

이밍을 잡을 수 있어 큰 수익을 여러 번 낼 수 있었음을 알 수 있다. 많은 초보투자자들은 어떻게 하면 이런 종목을 찾아낼 수 있냐고 필자에게 집요하게 묻는다. 하지만 이런 종목들을 찾아내는 데는 왕도가 없다. 부지런한 새가 많은 벌레를 잡는 것처럼 누구라도 꾸준히 관찰하고 탐색하는 노고를 들여야만 좋은 종목을 찾아낼 수 있다.

과거에는 적당한 종목을 찾기 위해 하루에 1천 개 이상의 차트를 열어보던 때도 있었다. 하지만 지금은 증권사가 제공하는 증권거래시스템에 종목검색식을 입력하면 원하는 종목을 찾아주기도 한다(조건검색 방법은 《90% 확률없이 주식투자 하지마라》에 자세히 기술해놓았다. 초보투자자들은 참고하기 바란다).

눌림목에서 매수했더라도 초보투자자자들이 반드시 알아둘 사항이 있다. 다음 그림처럼 눌림목(C)에서 매수했더라도 주가가 지지점(B) 이하로 추가하락했다면 하락추세가 계속되는 것이므로 반드시 손절매해야 한다. 필자의 경험에 의하면 주가가 지리하게 내린 후 추세를 바꿔 눌림목을 형성했다면 여간해서는 최저점(A) 아래로 내려가는 경우는 드물었다. 하지만 시장 전체가 악재로 쌓여 있어 힘을 못 쓸 떄는 주가가 지지점을 뚫고 추가하락할 수도 있음을 기억해두면 실패를 줄일 수 있다.

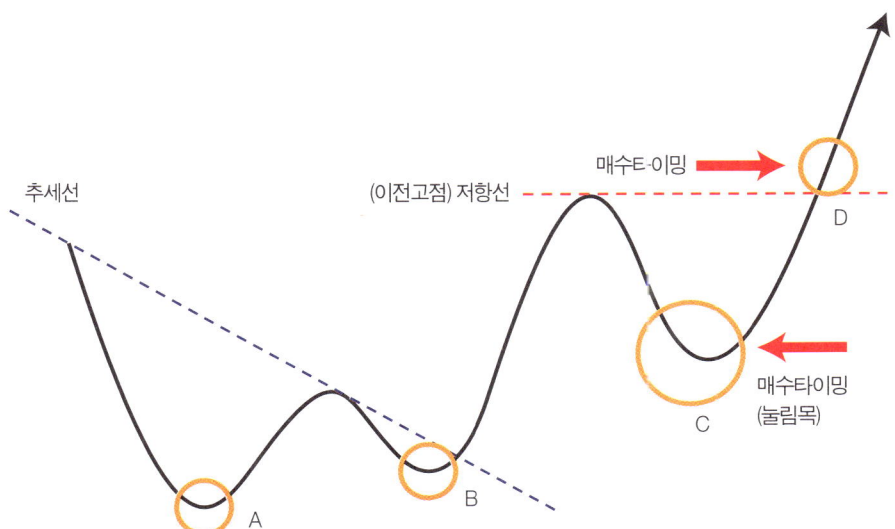

KEY POINTS

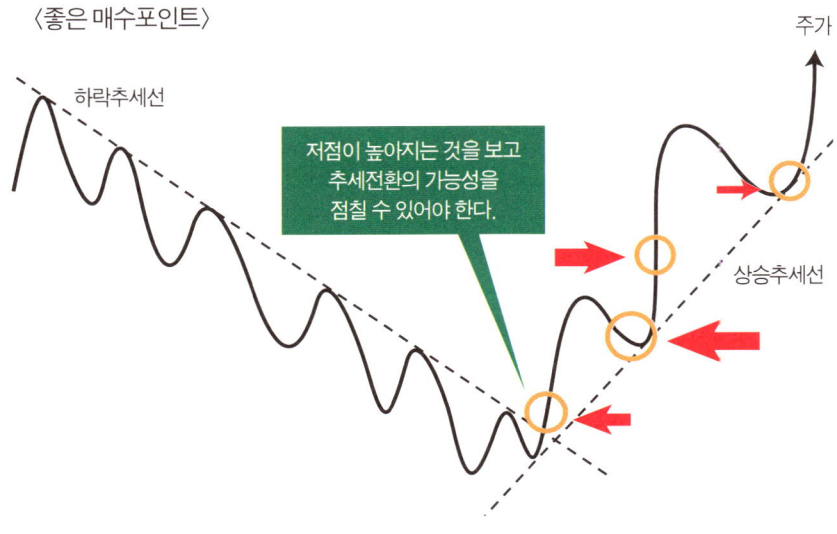

〈좋은 매수포인트〉

하락추세선

주가

저점이 높아지는 것을 보고
추세전환의 가능성을
점칠 수 있어야 한다.

상승추세선

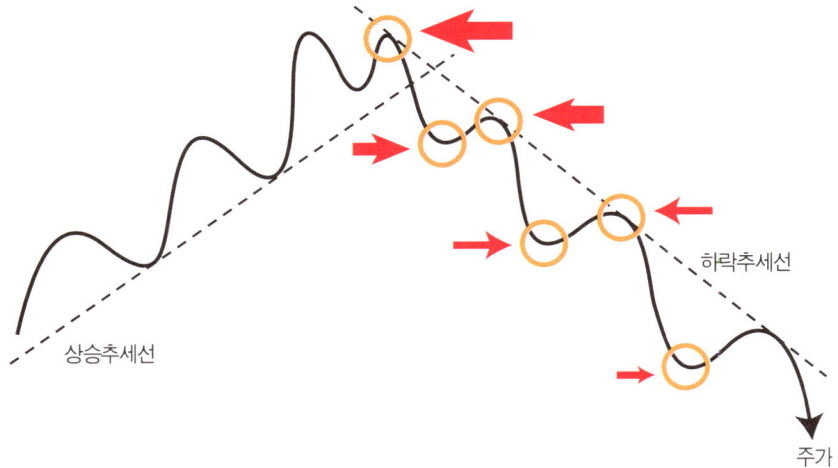

〈나쁜 매수포인트〉

상승추세선

하락추세선

주가

좋은 매수포인트에서는 화살표가 클수록 좋으며,
나쁜 매수포인트는 화살표가 클수록 나쁜 매수포인트다.

그리고 주가가 눌림목을 거쳐 이전 고점(D)을 돌파했을 대도 주의할 점이 있다. 이전 고점(D)은 저항선이 되므로 주가가 눌린 후 상승할 때 이 저항선을 단번에 뚫지 못한다면 하락할 수도 있다. 이런 경우라면 주가가 하락해도 전저점인 A, B지점에서 일시적인 반등을 하겠지만 추가하락으로 이어질 수 있음을 잊지 말자.

　　만약 주가가 바닥에서 이런 모양을 이루었다면 추가하락해도 큰 폭으로 떨어질 확률은 적다. 하지만 상황이란 알 수 없는 것이기 때문에 일단 팔고 기회가 되면 다시 사겠다는 마음을 갖는 것이 현명하다.

바닥매수시 고수와 하수의 차이점

　　주식을 매수할 때 고수와 하수의 차이는 확실성에 있다. 하수는 매수 기회가 오면 덥석 사버리지만, 고수는 먼저 최악의 경우를 따져보고(방어선), 종목 분석으로 확신을 얻고 차트를 통해서 매수타이밍을 찾으며 절대 서두르지 않는다. 또 하수는 주가가 조금 오르면 무서워서 손을 떼지만, 고수는 확실히 상승하는 종목이라 판단하고 관심을 가진다.

　　고수들의 매수타이밍을 알아보자. 〈그림 7〉의 현대해상 일봉차트는 추세선 돌파 후 첫 눌림에서 매수하는 또 다른 예이다. 눌림에 매수하는 것도 좋지만 이 경우 이전에 돌파하지 못한 고점이 2개(A, B)나 있으므로 D지점에서 매수하는 것이 좋다. 왜냐하면 이전에 형성된 고점이 많을수록 주가 상승시 저항 받을 가능성이 높기 때문이다.

그리고 이전 고점(A, B)에서 저항 받고 주가가 내리지는 않았지만 몇
일간 매물 소화과정을 거친 것으로 보인다(D). C지점에서 매수하는 것이
정석이지만 주가가 상승할 것이라는 확신이 있다면 주가가 저항을 받으

그림 7   현대해상 일봉차트

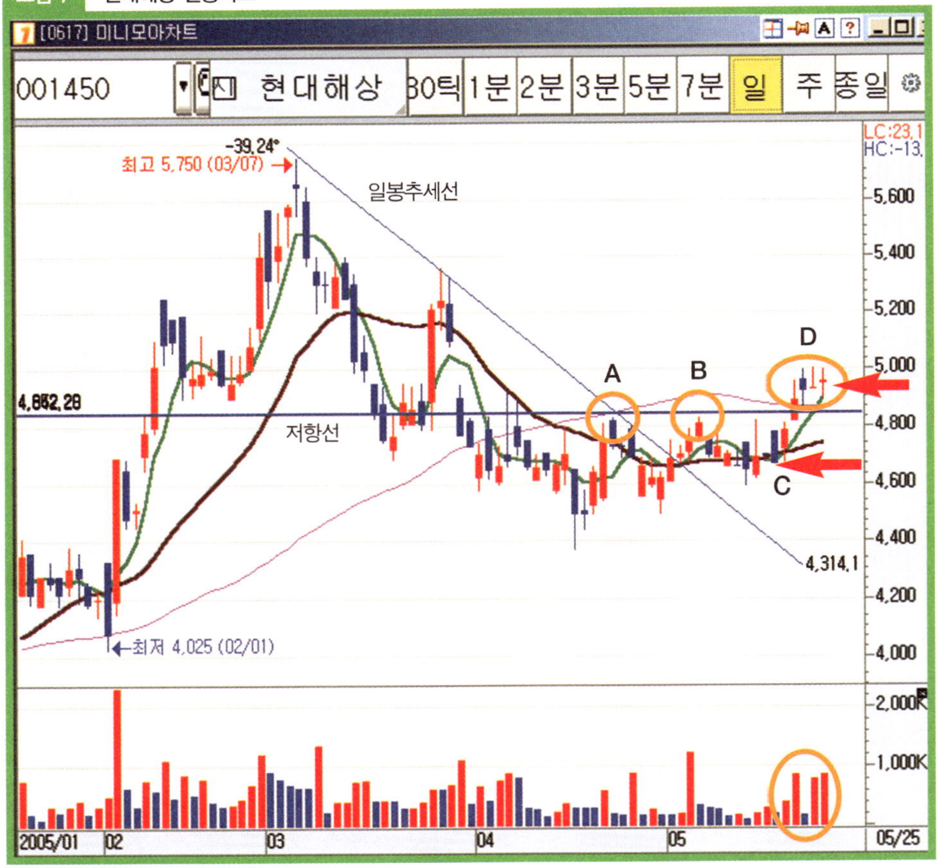

실전 매매할 때 주가가 추세를 돌파했지만 A, B와 같은 고점이 많아 저항이 예상된다면 C지점의
눌림목 매수보다는 저항선을 돌파한 D지점에서 매수하는 것이 좋다. 그리고 주가가 저항선을 돌
파한 후 거래량이 큰 폭으로 증가했다면 큰 폭의 주가 상승도 기대할 수 있다.

며 매물 소화과정을 거칠 때 D지점에서 매수하는 것도 좋다. 하지만 주식
이란 것이 원래 어디로 튈지 모르기 때문에 이런 경우 주가가 매물을 소
화한 후 저항선(이전 고점—D지점)을 지나고 재상승할 때(긴 양봉 나올
때—〈그림 8〉의 화살표) 매수한다면 가장 안전하고 확실하다.

그림 8   현대해상 일봉차트

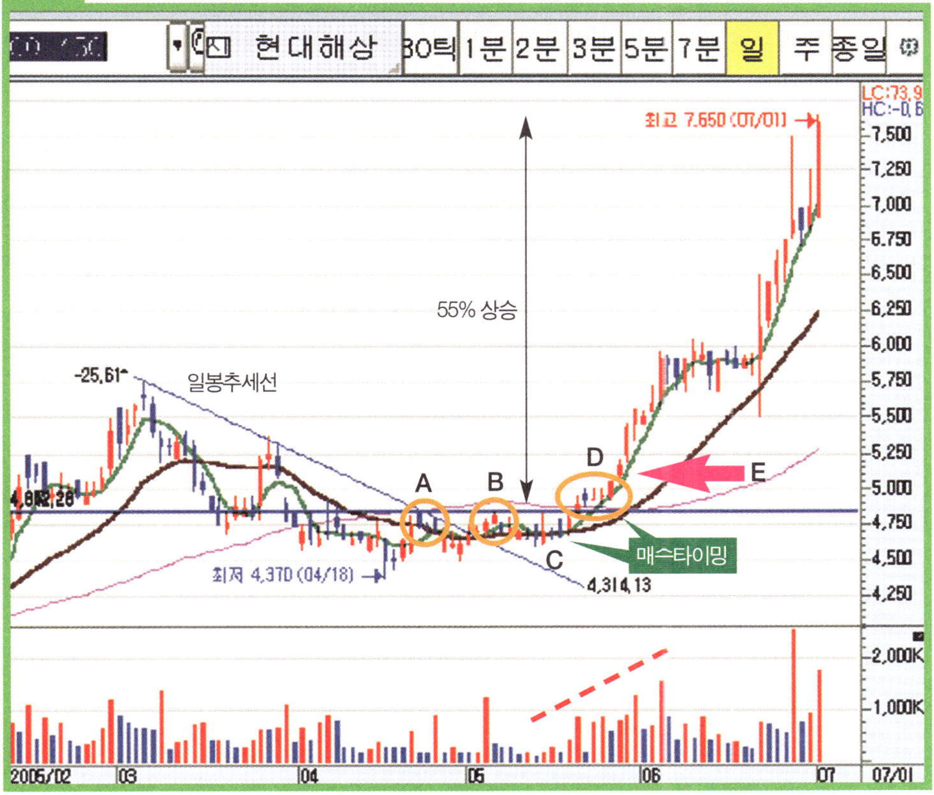

| 30틱 | 1분 | 2분 | 3분 | 5분 | 7분 | **일** | 주 | 종일 |

현대해상

최고 7.650 (07/01)

55% 상승

일봉추세선

-25.61

A   B

D   E

C   매수타이밍

최저 4.370 (04/18)

4.314.13

2005/02 03 04 05 06 07 07/01

주가가 저항선을 돌파한 후의 상승 강도는 저항의 강도에 비례하는 경우가 많다. 저항점이 많거나
저항이 크면 저항선을 돌파했을 시점을 매수타이밍으로 잡는 것도 좋다. 그리고 초보투자자들은
저항점의 수가 많을 때나 주가의 향방을 예측하기 힘들 때 저항선 돌파매개를 활용하기 바란다.

〈그림 8〉의 차트로만 볼 때 제일 하수는 A지점(추세돌파하지 않은)에서, 다음 하수는 B지점에서, 투자를 할 줄 아는 중수는 C지점에서 매수할 것이다. 그리고 고수는 D지점이나 E지점에서 매수할 것이다.

여기서 필자가 말하고자 하는 것은 초보투자자가 고수 흉내를 내라는 소리가 아니다. 뱁새가 황새를 쫓아갈 수 없겠지만 알고 보면 그리 어려운 방법도 아님을 알 수 있다. 초보일 때는 눌림목매매 위주로 하고, 투자경험이 좀 쌓였다 싶으면 D지점 매수도 노려보기 바란다.

이제 추세기법을 배운 이상 최소한 A지점에서 매수하는 바보짓은 하지 않을 것이며, 성공하는 길에 한 걸음 더 다가갈 수 있게 됐다.

주가의 바닥을 알아내는 방법

만약 투자한 주식을 묵혀두고 싶다면 오르는 주식보다는 더 이상 내릴 것이 없는 주식을 사야 한다. 특히 초보투자자들은 돈을 버는 것보다 돈 잃지 않는 것을 목표로 한 걸음씩 전진하다보면 결국 수익을 실현할 수 있게 된다. 그러기 위해서는 주가의 바닥매수를 해야 하는데 이때도 망하지 않을 주식을 고르는 것이 가장 기본적인 원칙이다.

추세기법을 이용해 주식의 완전한 바닥을 알아내는 방법은 일봉차트를 이용하기보다 주봉차트에 추세선을 긋는 것이 보다 정확하다. 주봉차트는 오랜 기간 동안의 주가 움직임을 보여주기 때문에 만약 주가가 주봉차트에서 추세선을 돌파했다면 완전한 바닥매수를 할 수 있다.

〈그림 9〉는 과거 화려했던 휴맥스의 일봉차트다. 2002년 4월 1일 64,700원 고점을 찍고 2004년 하반기까지 하락추세를 이어갔다. 2004년 7월부터 약 6개월간 하락하는 단기의 일봉차트에 추세선을 그어 보았다.

그림 9 휴맥스 일봉차트

028080 ▾ 휴맥스 30틱 1분 2분 3분 5분 7분 일 주 종일

휴맥스 종가 단순 5 20 60 LC:24,0 HC:-23

최고 9,850 (07/12)

일봉추세선

11월 15일 : 해당 주에 추세돌파 이론상 매수점

매수타이밍

1 2 3 A

9,500
9,000
8,500
8,000
7,500
7,000
6,500
6,000

눌림목

최저 6,110 (05/21)

거래가 많이 된 날 매수의 주체가 외국인투자자인지 기관투자인지 거래원을 조사해보면 주가가 앞으로 상승 가능한 지 감을 잡을 수 있다.

거래량
1,571,861주(673.36%)

4,000K
2,000K

2004/05 07 08 09 10 11 12 2005/01 01/03

주가가 1, 2에서 저항을 받고 하락할 수도 있으므로 저항선 1, 2, 3을 돌파한 후인 A에서 매수하는 것이 좋다. 이때 주가가 급등하며 긴 장대양봉이 출현하면 추가상승도 기대할 수 있다. 이러한 방법에 자신이 없는 초보투자자들은 눌림목에서 안전하게 매수하는 것도 좋다.

45

일봉차트상으로는 11월 15일이 추세선 돌파된 날로 파악된다. 그러나 성급히 매수타이밍으로 잡을 것이 아니라 좀 더 확실한 시점을 잡기 위해 주봉차트에 추세선을 그어보고 일봉차트에 나타난 추세선 전환이 확실한가 따져보아야 한다. 만약 확실한 매수타이밍이 아니라면 주봉상의 주가추세는 아직 하락추세를 계속 이어가고 있을 것이며, 일봉상의 추세전환 시점은 일시적인 추세전환으로 보아야 한다. 이때의 상승은 단기적인 상승으로 예상해야 한다.

〈그림 10〉의 휴맥스 주봉차트를 분석해보면 주봉추세선은 5월 23일에 이미 추세선을 돌파하였다. 주봉추세선을 점선처럼 긋는다고 해도 주가가 주봉추세선을 돌파한 것은 확실하다고 판단된다. 그리고 일봉상에 그어진 추세선은 주봉추세선보다 한참 늦은 11월에야 추세선을 돌파하고 있다. 그렇다면 추세전환은 이미 이루어졌으며, 주가가 바닥을 쳤다고 판단할 수 있다. 따라서 주가가 전 저점(6,110원)을 뚫고 내려가지 않는 한 상승할 것이므로 주가의 상승을 관찰하면서 적절한 매수타이밍을 찾으면 된다.

필자의 경험에 의하면 확실한 주가흐름(추세전환)을 확인하기 위해서는 일봉보다는 주봉추세선을 활용해야 한다. 그리고 매수타이밍은 주가가 주봉차트 추세선을 돌파한 후 일봉추세선을 돌파하든 일봉차트 먼저 돌파한 후 주봉차트를 돌파하든 주봉차트에 초점을 맞춰야 한다. 그리고 이때 최종 매수타이밍은 일봉추세선 돌파(단기 차트 돌파)에 맞추면 정확하다.

이런 방법으로 매수시점을 잡는다면 가장 최저점에서 안전하게 주식을 매수할 수 있고, 이때 확실히 바닥매수를 했다면 주가가 오르기만을 기다리면 된다.

그림 10   휴맥스 주봉차트

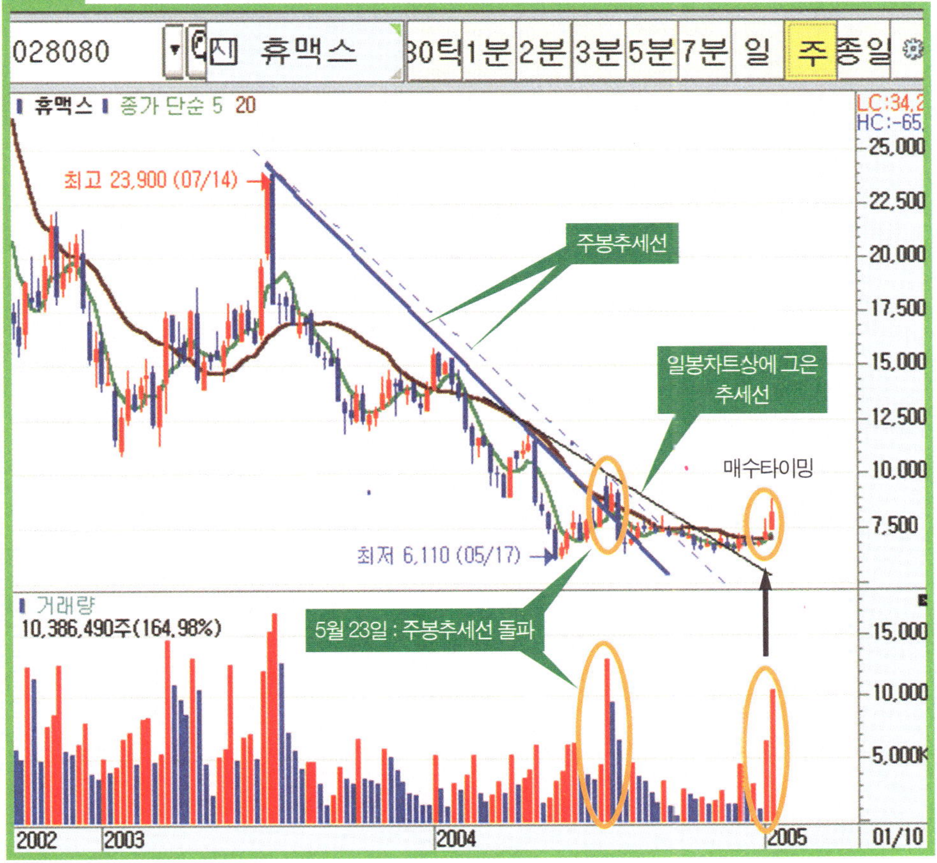

| 028080 | ▼ | 휴맥스 | 30틱 | 1분 | 2분 | 3분 | 5분 | 7분 | 일 | **주** | 종 | 일 | ⚙ |

LC:34,2
HC:-65,

■ 휴맥스 ■ 종가 단순 5 20

최고 23,900 (07/14)

주봉추세선

일봉차트상에 그은 추세선

매수타이밍

최저 6,110 (05/17)

거래량
10,386,490주(164.98%)

5월 23일 : 주봉추세선 돌파

2002   2003   2004   2005   01/10

주가가 단기추세선을 돌파한다 해도 주봉추세선을 돌파해야만 진정한 추세전환이며 장기적인 상승을 기대할 수 있다. 그리고 일시적으로 추세선을 돌파하거나 하락하더라도 전 저점(바닥저점) 밑으로 하락하지 않는 한 관심있게 보아야 한다. 또한 눌림목에서 매수했더라도 전 저점을 밑으로 내려가지 않는 한 계속 보유하는 게 바람직하다.

그림 11   휴맥스 주봉차트

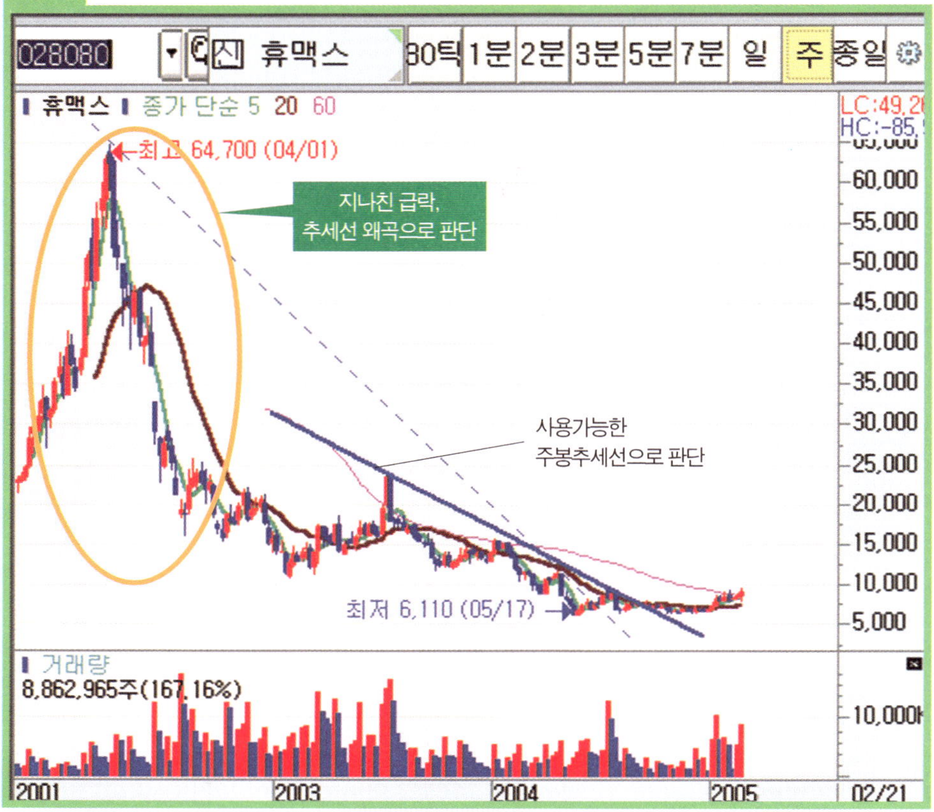

028080 ▼○신 휴맥스 30틱 1분 2분 3분 5분 7분 일 주 종일 ⚙

■ 휴맥스 ■ 종가 단순 5 20 60

LC:49,2
HC:-85,

■ 최고 64,700 (04/01)

지나친 급락,
추세선 왜곡으로 판단

사용가능한
주봉추세선으로 판단

최저 6,110 (05/17) →

■ 거래량
8,862,965주(167.16%)

-60,000
-55,000
-50,000
-45,000
-40,000
-35,000
-30,000
-25,000
-20,000
-15,000
-10,000
-5,000

-10,000

2001   2003   2004   2005   02/21

주가가 단기추세선을 돌파한다 해도 주가가 주봉추세선을 돌파한 상태여야
진정한 추세전환이고 장기 주가 상승을 기대할 수 있다.

    여기 제시된 휴맥스 역시 주봉차트를 신호탄으로 일봉차트 추세선 돌
파 시점이나 돌파 후 눌림목 지점을 매수타이밍으로 잡았을 때 적절한 시
점에 매수했다면 6~7개월 만에 약 150% 수익을 내는 대박차트 모양을
이루고 있다.

그림 12 휴맥스 일봉차트

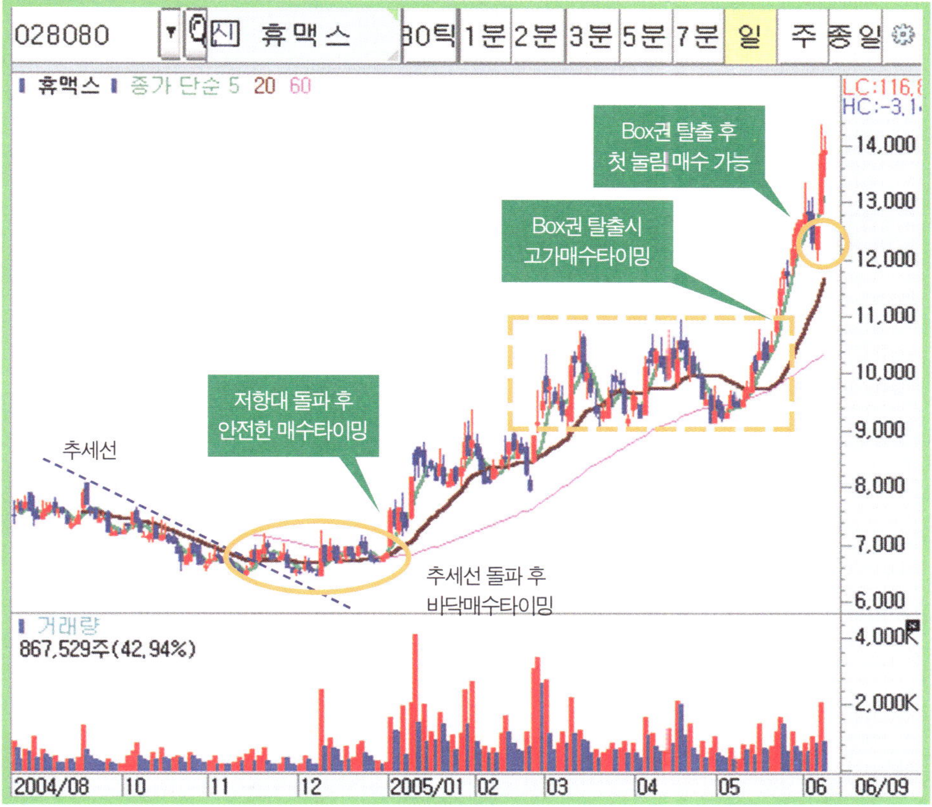

| 028080 | ▼ Q 신 | 휴맥스 | 30틱 | 1분 | 2분 | 3분 | 5분 | 7분 | 일 | 주 | 종 | 일 | ⚙ |

■ 휴맥스 ■ 종가 단순 5 20 60

LC:116,8
HC:-3,1

Box권 탈출 후
첫 눌림 매수 가능

Box권 탈출시
고가매수타이밍

저항대 돌파 후
안전한 매수타이밍

추세선

추세선 돌파 후
바닥매수타이밍

■ 거래량
867,529주(42.94%)

2004/08 10 11 12 2005/01 02 03 04 05 06 06/09

초보투자자의 바닥 매수타이밍은 추세선 돌파 후, 고가 매수타이밍은 이디 바닥대비 30% 이상 오른 상태지만 박스권에서 저항을 받고 저항을 벗어날 때(돌파매마), 그리고 또 한 번의 기회가 있다면 박스권 돌파 후 첫 눌림을 받을 때다. 그 이유는 매수 후 주가가 하락하도 박스권에서 지지해줄 가능성이 높기 때문이다(꼭지점 지지).

이와 같이 추세를 이용한 매수방법은 주식을 바닥매수하여 중·장기 투자할 수 있는 획기적인 매매기법으로 특별한 노하우가 없는 초보투자 자들에게 적극 권하고 싶다.

49

주가가 주봉추세선을 돌파하면 적극 매수를 고려하자

앞서 언급한 바와 같이 주가를 파악하려면 일봉차트로는 단기적 주가

흐름을 파악하고, 보다 확실한 주가를 확인하려면 주봉차트의 추세흐름

그림 13 하나로텔레콤 일봉차트

033630 ▼ | ○ ☑ | 하나로텔레 | 30틱 | 1분 | 2분 | 3분 | 5분 | 7분 | **일** | 주 | 종일 | ⚙

■ 하나로텔레콤 ■ 종가 단순 5 20 60

LC:3,37
HC:-32

최고 3,635 (01/31)

일봉추세선

전저점(점선) 이하로
내려가지 않고 상승할 때가
매수타이밍

2,385

최저 2,375 (05/18)

전저점

- 3,600
- 3,500
- 3,400
- 3,300
- 3,200
- 3,100
- 3,000
- 2,900
- 2,800
- 2,700
- 2,600
- 2,500
- 2,400

■ 거래량
2,158,883주(109.16%)

- 15,000
- 10,000
- 5,000k

2005/01 | 03 | 04 | 05 | 06 | 07 | 07/27

추세선을 돌파한 후 눌림에서 매수했다면 주가가 전 저점 아래로 하락하지 않는지 관찰해야 한다.
그리고 주가가 전 저점 이하로 하락하는지 관찰하고, 만약 전 저점 밑으로 하락하면 급락을 유발할
수 있으므로 신속히 손절매해야 한다. 이때 전 저점은 손절매 가격대가 된다.

을 보고 판단해야 한다고 설명했다.

〈그림 13〉은 하나로텔레콤 6개월 일봉차트이다. 이 차트를 보면 주가가 5월 말에 일봉차트 추세선을 돌파하고 눌린 후 상승할 확률이 대부분이지만 실제로는 상승하려다 실패한 후 추가하락하였다. 하지만 이전 저점 가격 이하로는 내려가지 않고 버티고 있다.

이런 모양 차트에서 가장 중요한 점은 전 저점(2,375원)이다. 그리고 매수하기 전에는 반드시 주가가 전 저점(지지점) 밑으로 추가 하락하지 않는 것을 확인해야 한다. 만일 주가가 전 저점을 깨고 하락한다면 추가하락을 이어가게 된다. 혹시나 전 저점에서 반등을 기대하고 성급히 매수했다면 전 저점(2,375원) 이하로 하락할 때 반드시 손절매해야 한다.

앞서 확실한 매수타이밍을 확인하기 위해서는 주봉차트를 열어 추세선을 그어보아야 한다고 했다. 〈그림 14〉의 하나로텔레콤 차트에 추세선을 그어보니 일봉차트에서는 추세선을 돌파했지만 주봉차트에서는 아직

그림 14　하나로텔레콤 주봉차트

주가 바닥매수는 주봉추세선 돌파 여부를 확인 후 매수하여야 한다.
만약 주가가 일봉추세선은 돌파했으나 주봉추세선을 돌파하지 않은 상태라면
진정한 바닥이라 볼 수 없다.

돌파하지 못했음을 알 수 있다. 아직 추세가 확실히 전환되지는 않은 것이다. 이때 매수타이밍 기준은 주가가 주봉차트의 하락추세선을 상승돌파할 때를 매수의 신호탄으로 삼아 적극 매수를 고려해야 한다.

이러한 경우 투자자들이 활용할 만한 가장 좋은 매수시점은 눌림목이다. 그렇지만 주식의 생리를 어느 정도 이해하게 되면 주봉의 추세와 일봉의 움직임을 통해 주가가 추세선을 돌파하기 전이라도 상승 초기에 저가매수로 선취매를 할 수 있다.

따라서 하나로텔레콤의 주가는 일봉차트의 추세선을 돌파했으나 주봉차트는 아직 돌파하지 못한 상태이므로 아직 주식을 매수할 시기가 아님을 알 수 있다. 하지만 주가에 대해 지속적으로 관심을 두다가 주봉차트의 추세선을 돌파하는 시점을 매수타이밍으로 잡든가 눌림을 받을 때 매수하면 된다.

추세돌파가 기대되는 종목 연구

앞으로 관찰해볼 만한 차트를 원한다면 앞서 나온 하나로텔레콤이나 삼성전기가 아닌가 생각된다. 원고 작성 막바지에 캡처되는 관계로 앞으로의 주가는 아직 알 수 없지만, 지금까지 이 책에서 설명한 것과 어느 정도 부합되는지 직접 확인하는 것도 좋은 방법이라 생각된다. 이런 차트의 경우 주가가 이전 저점을 깨고 내려가지 않는 한 일봉추세 돌파선 후 눌림을 받는다면 긍정적으로 보아도 좋다.

〈그림 15〉의 삼성전기 주가는 주봉추세선을 8월 초에 돌파했고, 일봉추세선 돌파만 남겨놓고 있다. 주가가 9만 원에서 2만여 원까지 하락했을 때는 그럴만한 이유가 있었겠지만, 바닥이 어딘지 모르게 하락했다. 아마도 8만 원대에 매수했다가 빠른 손절매를 못하여 지금도 끌려다니는 사람이 있을 수 있다.

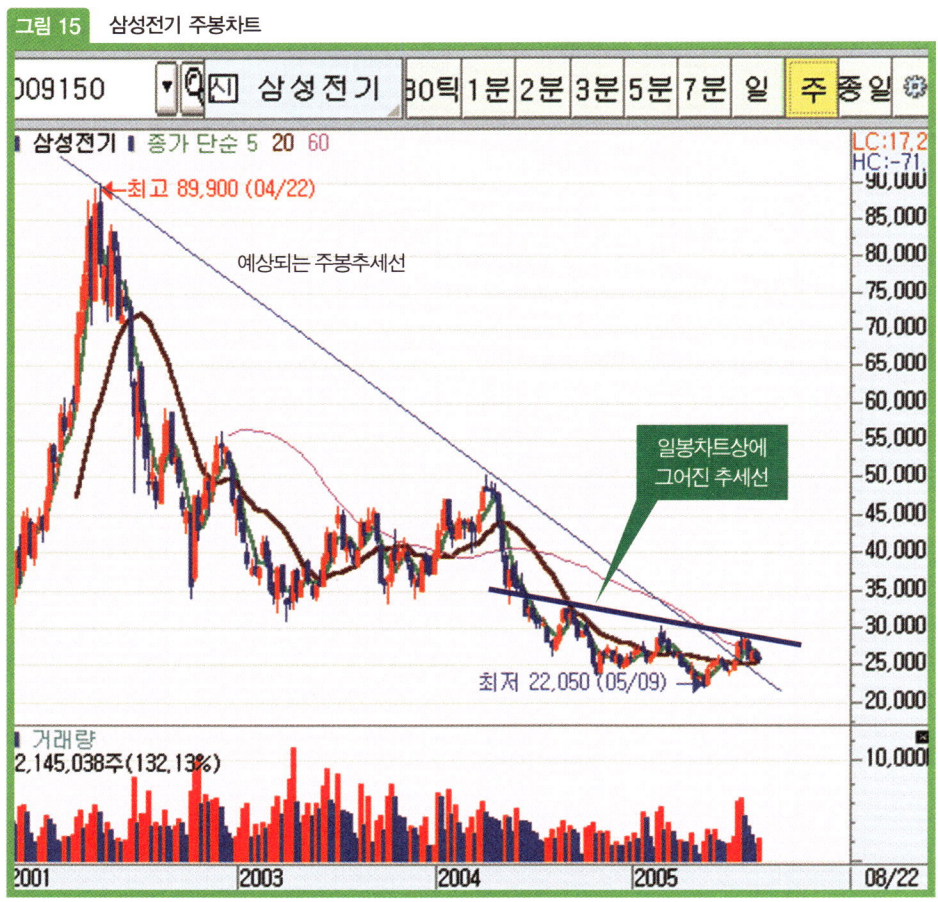

그림 15   삼성전기 주봉차트

턴어라운드(실적이 호전되는) 종목은 외국인투자자들이 입질할 만한
종목이다. 이들의 매매현황을 살펴보니 〈그림 16〉과 같이 매수입질이 있
었고, 주봉추세선 돌파 시기인 7월 11일부터 물량을 늘려 일부를 매수한
후 오락가락하고 있다. 하지만 전반적으로 외국인투자자들이 매수 우위
를 보이고 있다. 이들도 이런 추세를 지켜보고 있을 것이다. 따라서 주가

그림 16 삼성전기 일봉차트(2004~2005년)

# KEY POINTS

추세 판단 포인트

관찰 포인트

초보투자자들이 차트에서 관찰해야 할 점은 주가가 계속 지지되고 있고 앞으로도 지지될 수 있는가이다. 필자의 경험으로도 가격 지지가 여러 번 있을수록 지지의 확실성은 더해간다. 이런 경우 주가가 급락하여 추세선을 하향돌파하지 않는 한 바닥을 다지며 바닥추세를 이탈하여 상승한다. 한마디로 바닥다지기를 많이 하고 상승하는 주식을 매수하면 안전성이 있고 주가도 크게 오를 가능성이 높다. 단기매매가 아닌 중·장기투자는 기다리는 지루함은 있지만 기다리는 대가를 톡톡히 얻을 수 있는 장점이 있다.

추세선 분석 포인트

〈그림 14〉하나로텔레콤의 차트에 점선같이 주봉추세선을 그으면 이미 주가가 추세를 돌파한 것이 되어 현시점이 매수타이밍이 되는 분석상의 차이가 발생한다. 주가가 급하게 하락할 때는 추세선이 정확하지 않고, 왜곡되기 쉽다. 따라서 추세선의 경사가 완만할수록 정확하다고 판단하면 된다. 추세선은 추세선을 지나는 봉(꼭지점)의 갯수가 많을수록, 추세가 길수록 신뢰할 수 있다.

원래는 하나로텔레콤 주봉차트는 〈그림 14〉의 점선 a와 같이 추세선을 긋는 것이 옳지만 주가가 2002년 초기에 급락하여 추세가 흐트러졌으므로 처음과 끝을 이은 추세선은 부정확하다고 판단해야 한다. 만약 점선 a의 중간에 이 선을 지나는 꼭지점이 하나만 더 있었다면 진정한 추세선으로 판단할 수 있다. 따라서 기간은 좀 더 짧지만 추세선에 닿는 꼭지점이 4개나 되고, 길이도 긴 b가 신뢰할 만한 추세선이다.

가 단기추세선을 돌파하면 적극적으로 매수에 나서리라 생각된다.

관찰 포인트는 외국인투자자들의 매수와 주가의 추세선 돌파에 있다. 아직은 주가의 정확한 향방을 알 수 없지만 중·단기추세선을 모두 돌파하고 외국인투자자들이나 기관투자자들이 본격 매수하는 것이 확인되면 그때를 정확한 매수타이밍으로 삼으면 된다.

ㄹ. 추세를 이용해 고가에 파는 법

2%의 추세이탈은 매도신호로 판단하자

이제까지 추세를 이용한 매수방법과 매수타이밍에 대해 알아보았다. 그러면 추세지표를 매도타이밍으로 이용할 수 없을까? 물론 차이가 있지

〈주가 이격으로 추세이탈을 판단하는 방법〉

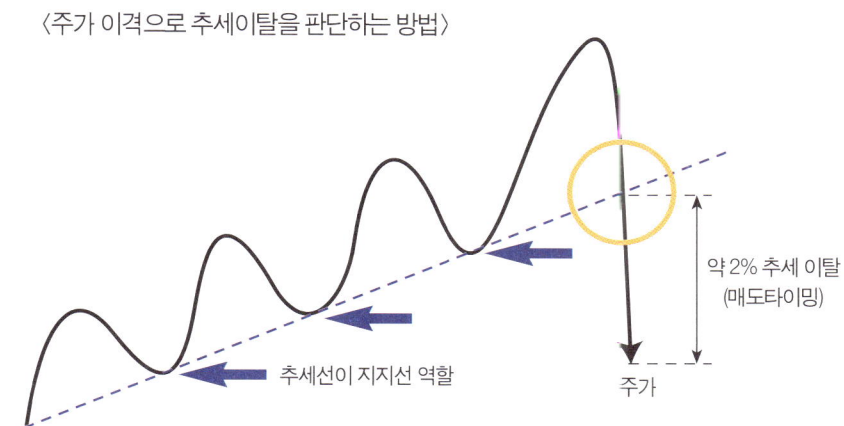

약 2% 추세 이탈
(매도타이밍)

추세선이 지지선 역할

주가

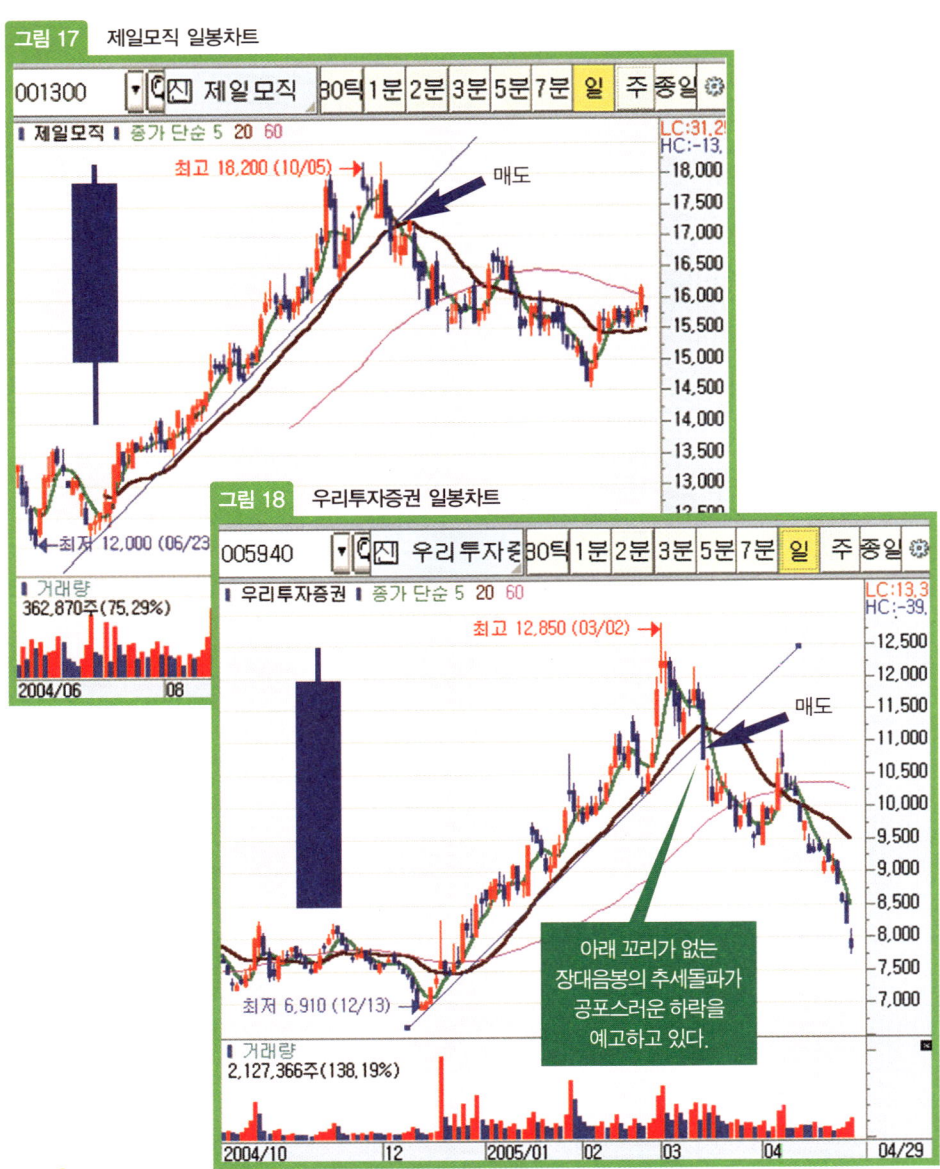

그림 17 제일모직 일봉차트

001300 ▼ 제일모직 30틱 1분 2분 3분 5분 7분 **일** 주 종일 ⚙

■ 제일모직 ■ 종가 단순 5 20 60

최고 18,200 (10/05) →

매도

LC:31,2
HC:-13,

-18,000
-17,500
-17,000
-16,500
-16,000
-15,500
-15,000
-14,500
-14,000
-13,500
-13,000

최저 12,000 (06/23

■ 거래량
362,870주(75.29%)

2004/06   08

그림 18 우리투자증권 일봉차트

005940 ▼ 우리 투자증 30틱 1분 2분 3분 5분 7분 **일** 주 종일 ⚙

■ 우리투자증권 ■ 종가 단순 5 20 60

최고 12,850 (03/02) →

매도

LC:13,3
HC:-39,

-12,500
-12,000
-11,500
-11,000
-10,500
-10,000
-9,500
-9,000
-8,500
-8,000
-7,500
-7,000

최저 6,910 (12/13)

아래 꼬리가 없는
장대음봉의 추세돌파가
공포스러운 하락을
예고하고 있다.

■ 거래량
2,127,366주(138.19%)

2004/10   12   2005/01   02   03   04   04/29

추세돌파시 장대음봉이 출현한다면 앞으로 주가의 주가 하락이 예상되므로
늦기 전에 매도를 고려해야 한다. 더욱이 위아래 꼬리도 달리지 않은 음봉이 발생한다면
최악이라 볼 수이다. 아래 꼬리 없는 장대음봉 추세돌파가 공포스러운 하락을 계고하고 있다.

만 추세를 확실한 매도타이밍의 지표로 삼을 수 있다. 추세를 이용한 매도타이밍은 주가가 상승추세선 아래로 2% 이탈했을 때로 삼으면 좋다.

간혹 추세를 이탈했다가도 다시 반등해 원래 추세로 돌아오거나 그 추세를 이어가는 경우가 있다. 이러한 경우 주가에 영향을 미치는 특별한 뉴스가 있거나, 초강세의 장세가 아니고서는 거의 나타나지 않는다. 그렇다면 주가가 어느 정도 추세선을 이탈해야 진정한 추세이탈로 볼 수 있을까? 일반적으로 주가가 추세선을 2% 정도 이탈했다면 확실한 추세이탈로 본다. 하지만 추세이탈을 빨리 감지하면 할수록 주식을 고가에 팔 수 있고 수익을 극대화할 수 있음을 잊지 말자.

장대음봉이 출현하면 즉시 매도하자

실전에 임하는 초보투자자들은 주가가 추세선을 이탈하는 순간 주식을 판다는 것이 결코 쉬운 일이 아니다. 왜냐하면 주가가 추세선을 이탈하여 매도하려는 순간 주가는 계속 추세선을 타고 상승하다 마지막 고점을 찍고 내려온다. 이 때문에 초보투자자들은 고점가격에 대한 미련이 남아 매도를 주저하게 된다.

또한 주가가 추세선을 돌파하여 긴 장대음봉을 만들며(큰 폭 하락) 급락해도 매도하지 못한다. 이런 경우 필자의 경험에 의하면 당일 분차트를 관찰하다 추세를 돌파하는 것이 확인되면 무조건 매도하는 것이 최선책이다. 하지만 모든 음봉이 무조건적인 하락을 의미하는 것은 아니기 때문에 추세돌파시 음봉이 발생하면 그 길이와 꼬리 등을 확인해야 한다. 하락세가 가장 큰 공포의 음봉 모양은 위아래 꼬리가 없거나 아래 꼬리가 없는 장대음봉이다.

간혹 주가가 추세선을 돌파한 후 얼마 뒤 주가의 되돌림으로 잠시 반등을 하려는 것처럼 보일 때가 있는데 절대 속아서는 안 된다. 앞서 말했듯이 반등이 아무리 커도 추세선 근방이라는 것을 잊지 말자. 만약 이러한 기회가 온다면 열일 제쳐놓고 무조건 팔아야 한다.

주식을 최고점에서 파는 것은 신의 영역이지만 그래도 추세선을 따라 매매했다면 높은 수익은 냈을 것이다. 훗날 돌이켜본다면 그래도 그때가 최고가였음을 알게 될 것이다. 하지만 초보투자자들은 주식을 팔고 나면 금방 다시 오를 것이라는 막연한 미련을 가지고 있다. 이런 생각은 자신을 망치고 투자를 망치게 된다. '욕심을 줄이면 주식투자는 누구나 성공할 수 있다.'

초보투자자를 위한 수익 극대화 요령 2가지
주가가 상승추세를 이탈했을 때는 2가지 매도방법이 있다. 하나는 추세선 돌파시 a지점 이하로 하락했을 때 즉시 매도하는 것과 추세선을 돌파한 후 주가 반등을 이용하는 것이다. 초보투자자들은 반등을 기대하지 말고 a지점에서 즉시 매도하는 것이 현명하다. 주가가 추세를 돌파해도 반등을 주는 것은 확실하나 반등폭이 작으면 매도기회를 갖지 못할 수도 있다.

〈초보투자자를 위한 수익극대화 요령 2가지〉

〈그림 A〉

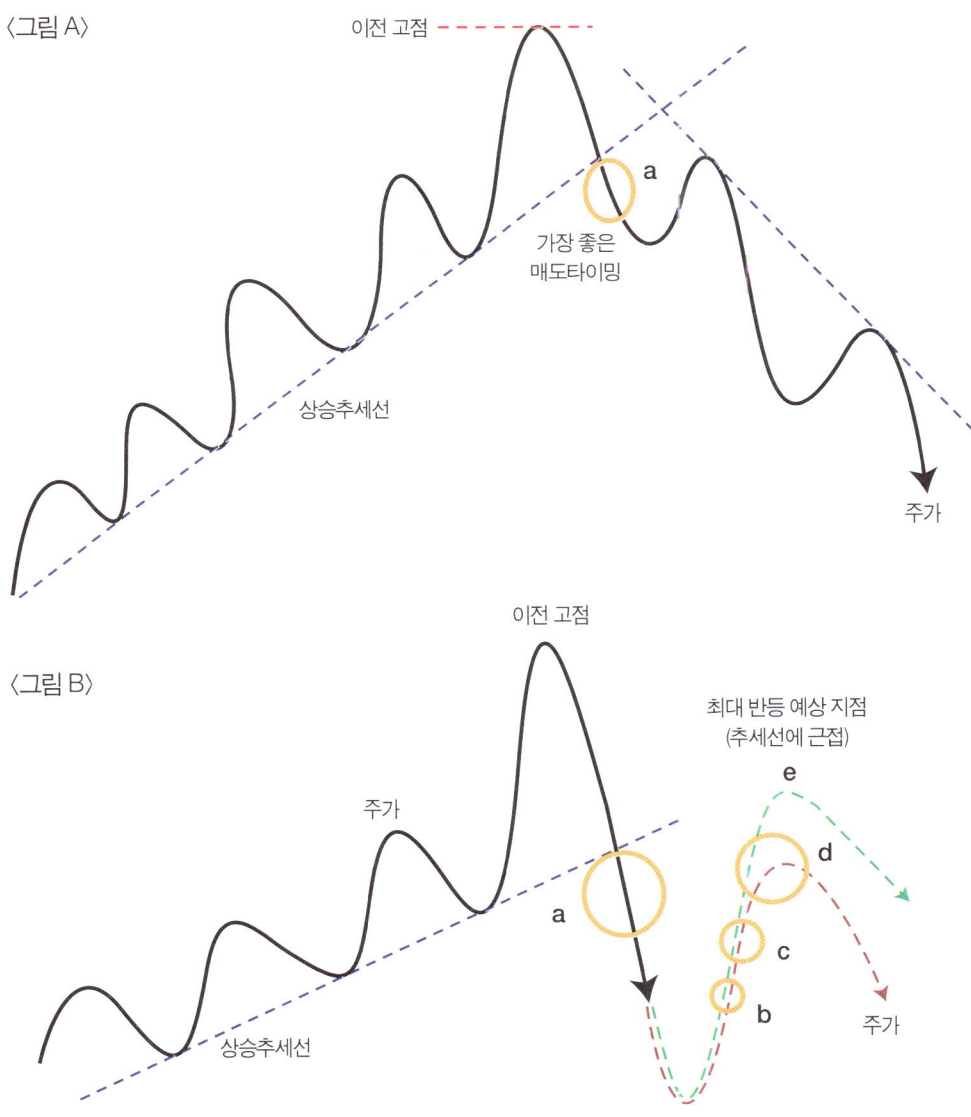

이전 고점

a

가장 좋은
매도타이밍

상승추세선

주가

이전 고점

〈그림 B〉

최대 반등 예상 지점
(추세선에 근접)

e

d

주가

a

c

b

주가

상승추세선

a지점에서 매도타이밍을 놓쳐버렸다면 주가를 쫓아가며 싸게 매도하기보다는 주가의 반등을 주시하며 좀 더 고가에 매도하는 방법을 찾아보자. 만약 주가가 〈그림 B〉같이 반등했다면 b, c, d지점에서 일괄매도하거나 점증 분할 매도하면 이익을 극대화하거나 손실을 크게 줄일 수 있다.

그림 19 LS산전 일봉차트

| 010120 | ▼ㄷ신 LS산전 | 30틱 1분 2분 3분 5분 7분 **일** 주 종일 ⚙ |

■ LS산전 ■ 종가 단순 5 20 60

LC:6,54
HC:-22,

최고 22,000 (03/03) ➡

매도타이밍

상승추세선

최저 16,050 (04/21) ➡

■ 거래량
186,830주(70.43%)

2004/10 12 2005/01 02 03 04 04/21

상승하던 주가가 추세선을 하향돌파한다면, 확실한 추세이탈을 확인한 후 머도를 고려해야 한다.
이 때 긴 장대음봉의 출현과 함께 주가가 추세를 단번에 이탈한다면,
주가의 추가하락이 예상되므로 즉시 매도해야 한다.

아무리 급해도 매도 전에 추세를 파악하자

다음 내용은 필자와 가끔 대화를 나누던 어떤 독자와의 대화내용 중 일부이다. 왠만해서는 이래라 저래라 답변을 안 해주는 필자지만 워낙 질문하신 분이 다급한 상황인 것 같아 몇 가지 답변을 해주었다.

그림 20 모나리자 일봉차트

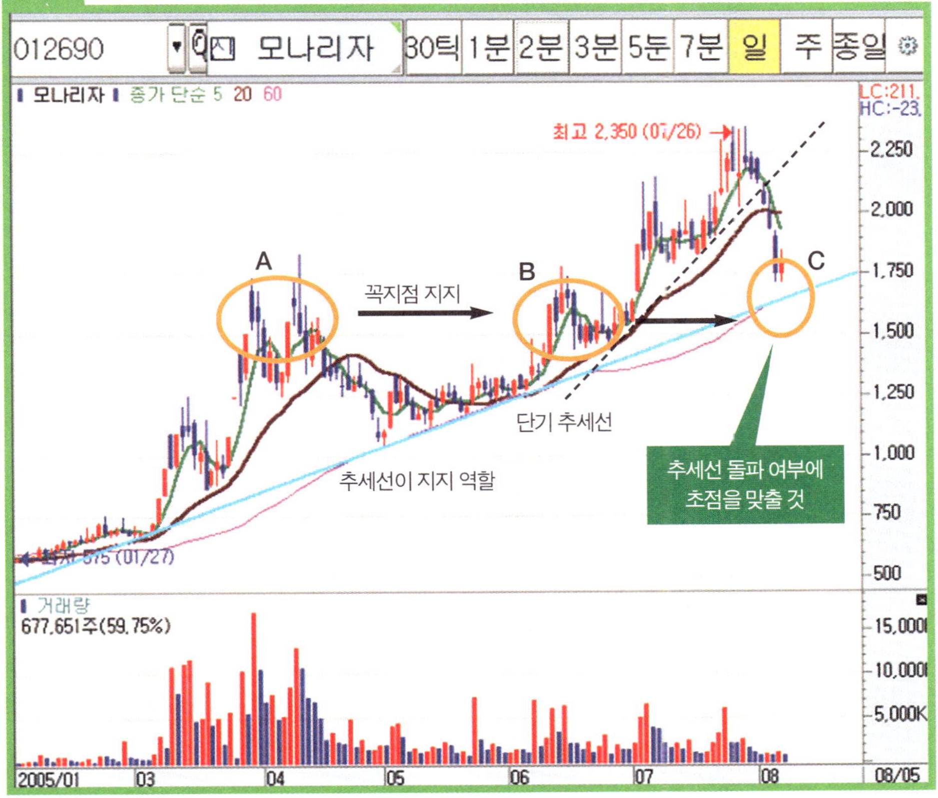

| 012690 | 모나리자 | 30틱 | 1분 | 2분 | 3분 | 5둔 | 7분 | 일 | 주 | 종일 |

모나리자 종가 단순 5 20 60

LC:211,
HC:-23,

최고 2,350 (07/26)

A

꼭지점 지지

B

C

단기 추세선

추세선이 지지 역할

추세선 돌파 여부에
초점을 맞출 것

-2,250
-2,000
-1,750
-1,500
-1,250
-1,000
-750
-500

거래량
677,651주(59.75%)

-15,000K
-10,000K
-5,000K

2005/01 03 04 05 06 07 08 08/05

초보투자자라도 묻지마 매도하기보다는 추세를 파악한 후 매도하면 손실을 줄일 수 있고
수익도 극대화할 수 있다. 주가는 A지점이 있으므로 저항을 받아 B지점이 생긴 것이며,
A, B를 보면 C지점의 반등을 예측할 수 있다.
C지점의 반등은 A, B지점 또는 그 지점을 약간 더 내려간 가격대에서 기대할 수 있다.

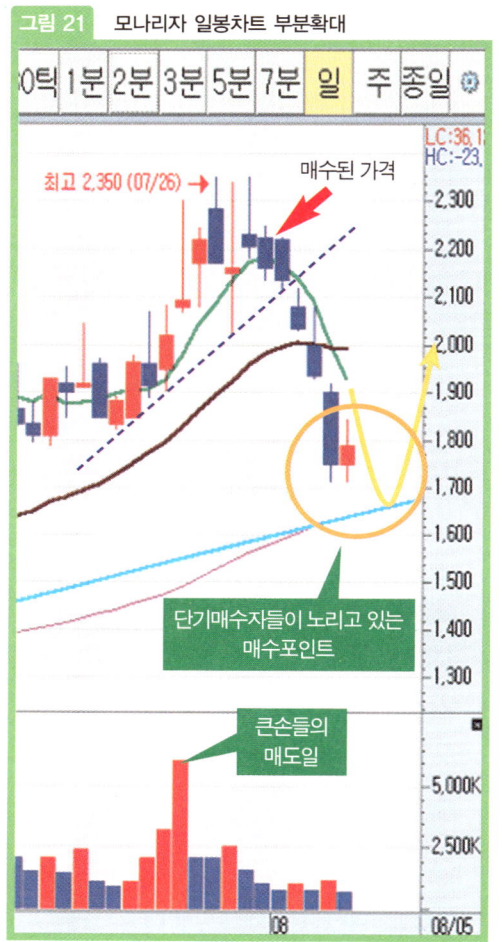

그림 21 　모나리자 일봉차트 부분확대

0틱 1분 2분 3분 5분 7분 일 주 종일 ⚙

최고 2,350 (07/26) →　　매수된 가격

LC:36,1
HC:-23,

단기매수자들이 노리고 있는
매수포인트

큰손들의
매도일

08　　　08/05

질문의 요지는 모나리자의 주가 상승을 예측해 주가 조정 시 거의 꼭지점에 매수했는데 (2,210원) 휴가를 다녀와보니 주가가 엉망이 되었다는 것이다. 주가가 계속 하락하다 오늘 하루 겨우 양봉을 보여주고 있는데 이를 기회로 생각하고 지금 주식을 팔아치워야 하느냐는 것이었다.

모나리자 일봉차트를 열어보니 1주일 이상을 쉬지 않고 하락하여 약 30% 가까이 주가가 급락했다. 아마도 급락 초기에 매도하지 못한 초보투자자라면 공포에 질려 있을 상황이었다. 뭐라 답할지 난감했다.

'지금이라도 팔까요?' 라는 독자의 질문에 필자는 '아니오' 라고 답했다. 이미 특별한 악재없이 단기에 30% 가까이 하락했다면 반등할 가능성도 많을 뿐만 아니라 아래에는 강력한 추세선이 버티고 있어 추세선까지 더 하락해봐야 2% 내외임을 알 수 있었다. 또한 급락한 후 첫 양봉이라면 몇 일 더 주가가 상승할 가능성도 높았다.

그 외 정밀한 분석을 해보니 큰 거래량 동반없이 하락하고 있어 다행이었다(거래량을 동반하면 더 큰 하락이 유발함). 가격대별 거래량을 보여주는 매물대차트도 추세선 부근의 매물띠가 길어 지지가 예상되고, 꼭지점 지지를 예상해봐도 지금 팔기에는 아까운 상황이었다. 이럴 때는 인내심을 갖고 주가가 추세선을 돌파할 때를 기다려 보자. 30% 가까이 손실을 본 사람이 2% 내외 하락을 못 견디겠는가?

그림 22	모나리자 일봉차트

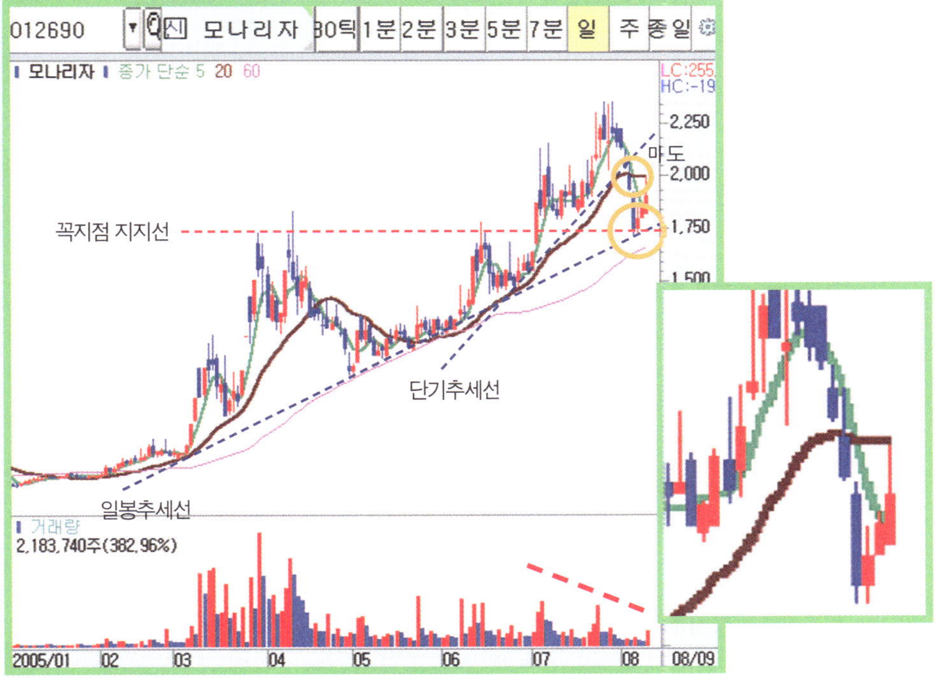

꼭지점 지지선

단기추세선

일봉추세선

거래량
2,183,740주(382.96%)

단기매매로 보면 주가가 급등하다가 추세선을 이탈하면 즉시 매도해야 한다.
그러나 그 시기를 놓쳐버렸다면 반등가격대를 찾아 기다리는 것이
보다 고가에 팔 수 있는 현명한 방법이다.

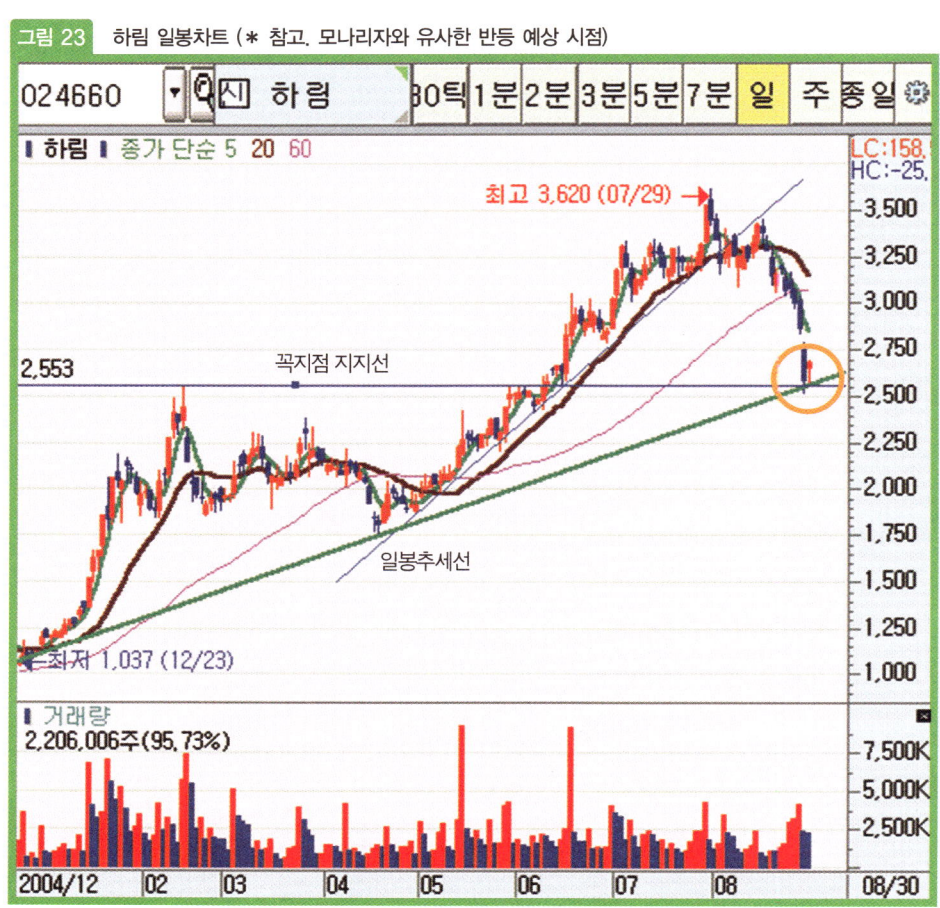

그림 23 하림 일봉차트 (* 참고. 모나리자와 유사한 반등 예상 시점)

추세선을 따라 상승을 이어가던 주가가 조류독감 충격으로 급락하고 있지만 반등이 예상되는 시점. 일봉 추세선과 꼭지점 지지선 가격대가 일치하여 반등의 가능성이 높아 보임.

　　예상대로 주가는 3일 연속 상승해 2,000원까지 상승했다. 모나리자의 주가는 종합지수 급락의 여파로 동반 하락을 이어갔던 것이다. 결국 이 독자는 10% 정도 손실을 보게는 되었지만 매도하려고 했던 1,750원보다는 훨씬 높은 가격에 매도할 수 있었다.

주가가 반등할 때 매도하는 방법은 1/2 되돌림법칙(주가 하락폭의 50%는 되돌린다는 법칙) 혹은 피보나치수열 이론(주가 하락폭의 38.2% 재상승한다는 황금분할론) 등을 참고하여 점중 분할 매도하면 된다. 그러나 분할 매도 중 주가가 꺾이는 것 같으면 일괄매도해야 함을 잊지 말자.

급등주를 비싸게 팔려면 단기추세선을 기준하자

일정한 추세선을 따라 상승하던 주가가 급상승하여 간격이 커질 경우 중기추세선을 기준으로 매매타이밍을 잡게 되면 큰 손실을 입거나 수익

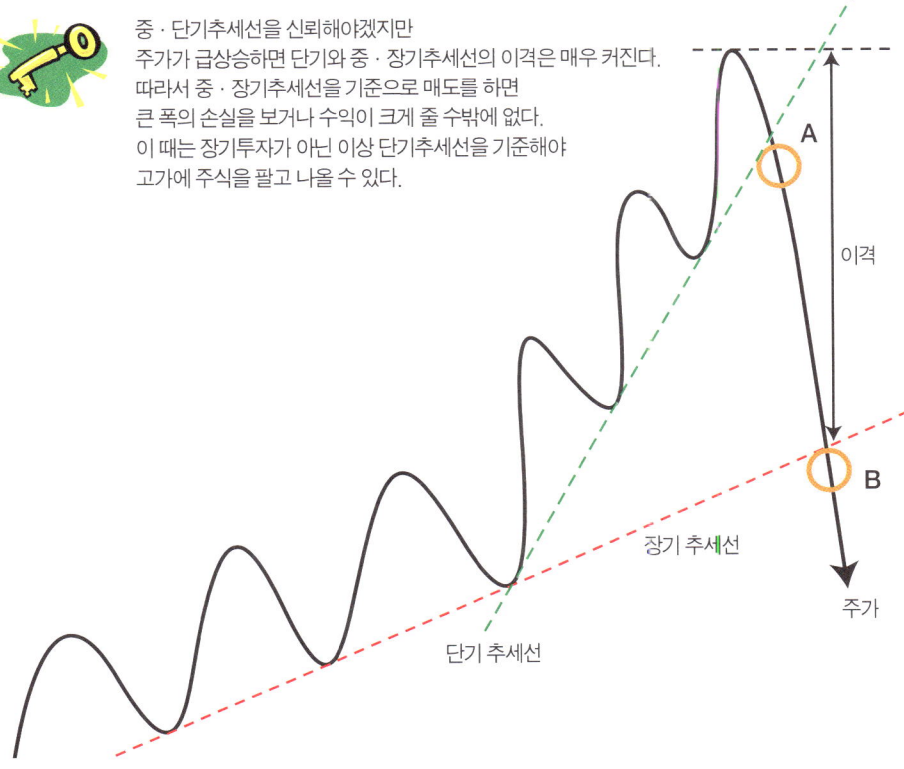

중 · 단기추세선을 신뢰해야겠지만
주가가 급상승하면 단기와 중 · 장기추세선의 이격은 매우 커진다.
따라서 중 · 장기추세선을 기준으로 매도를 하면
큰 폭의 손실을 보거나 수익이 크게 줄 수밖에 없다.
이 때는 장기투자가 아닌 이상 단기추세선을 기준해야
고가에 주식을 팔고 나올 수 있다.

A

이격

B

장기 추세선

주가

단기 추세선

이 크게 줄게 된다. 아래 그림 같은 모양은 주가 상승 말기에 주로 나타나는데 A지점을 매도타이밍으로 잡아야만 수익을 극대화할 수 있다. 물론 장기투자자들은 상관없을지 모르지만 중·단기투자자들이라면 단기추세선을 기준으로 매도타이밍을 잡아야 함을 기억하기 바란다.

더욱이 중기추세선의 상승 각도가 완만한 상태에서 주가가 급등할 경우 중기추세선을 기준으로 삼으면 주가가 거의 원점으로 돌아오게 되어 수익은커녕 리스크만 떠안게 된다. 앞서 나온 모나리자 차트에서도 단기추세선으로 매도타이밍을 잡았더라면 좋았을 것이다.

추세를 돌파하면 주가되돌림에 속지 말자

추세선을 이용해 투자를 하다보면 주가가 상승추세선을 하락돌파한 후에도 반등폭이 커서 매도가 이상으로 주가가 오르는 경우가 있다. 이때 매도를 후회하거나 재매수하려는 생각을 가질 수 있으나 결코 이러한 유혹에 넘어가서는 안 된다.

대부분의 경우 추세선을 돌파한 후 주가가 강한 되돌림을 주는 듯하지만 다시 하락으로 이어지는 경우가 많다. 추세선 이하로 하락했을 때 매도하지 못했다면 오히려 이때를 매도기회로 삼아야 한다. 거꾸로 이때 매수한다면 단타매매가 아닌 이상 십중팔구 손실을 보게 된다. 대우증권 차트의 경우는 주가가 강해 되돌림이 상당히 컸지만, 결국 대세의 흐름을 바꾸지 못하고 하락세를 이어갔다.

앞서 설명했듯이 일단 추세선을 돌파하면 크게 상승해봐야 추세선 부

근이란 것을 잊지 말자. 간혹 그 이상 상승하는 경우도 있지만 그런 경우
는 극히 드물다.

대우증권 일봉차트

| 006800 ▼ Q 신 | 대 우 증 권 | 30틱 1분 2분 3분 5분 7분 | **일** | 주 종 일 ⚙ |

■ 대우증권 ■ 종가 단순 5 20 60   LC:66,9
                                                                         HC:-41,

최고 8,750 (03/11) →

- 8,500
- 8,000
- 7,500
- 7,000
- 6,500
- 6,000
- 5,500
- 5,000
- 4,500
- 4,000
- 3,500
- 3,000

─최저 3,085 (10/27)

주가가 상승추세선을
하향돌파한 후
주가반등에 속지말 것

■ 거래량
3,516,830주(88.56%)

- 25,000

2004/09 11 12 2005/01 02 03 04 05 05/03

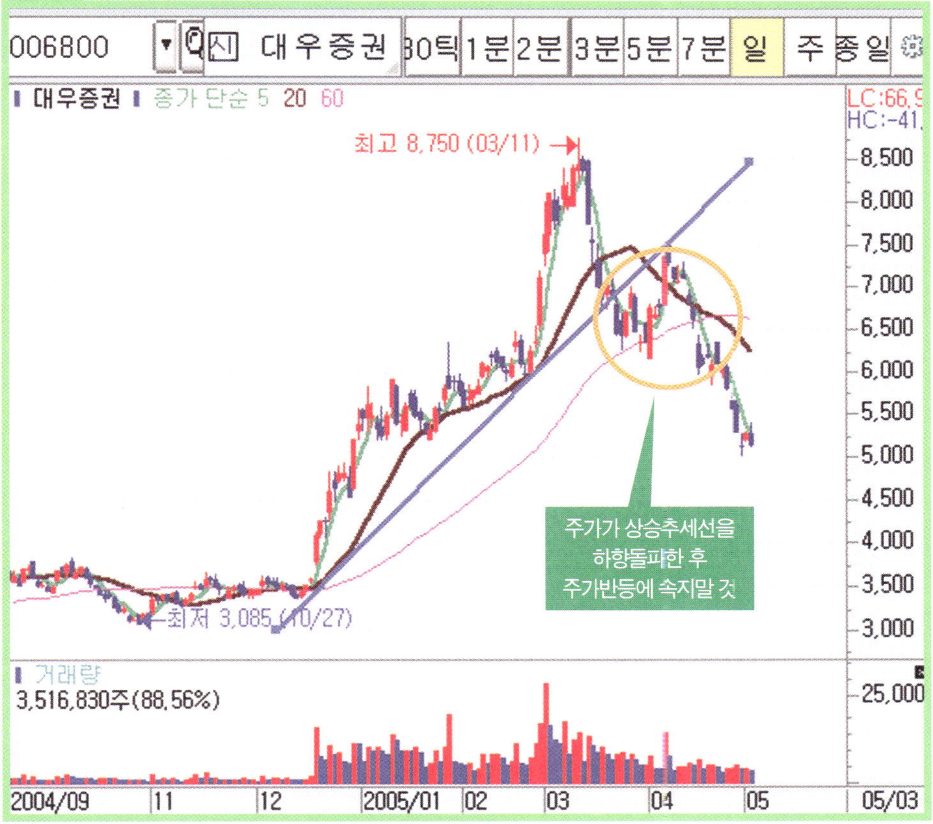

하락하던 주가가 하락추세선을 상승돌파하면 한동안 상승이 이어지듯이
상승하던 주가가 상승추세선을 하락돌파하면 한동안 하락이 예상되므로
주가되돌림에 속지말고 단기매매가 아니라면 매수하지도 말자.

KEY POINTS

초보투자자 매도요령

1. 추세선 이탈 후 주가의 반등폭

주가가 추세선을 돌파한 후 반등하는 최대폭은 추세선에 근접하는 경우가 보통이다. 간혹 추세선을 돌파해 상승하는 경우도 있지만 거의 드물다. 매도타이밍을 놓쳐 되돌림을 줄 때(반등할 때) 매도하려면 주가 하락폭의 1/3~1/2까지 반등할 것을 예측하여 매도하는 것이 좋다(1/3, 1/2 되돌림법칙).

2. 분할 매도시 일부만 체결되었더라도 주가가 또다시 하락하면 즉시 전량을 매도할 것

추세선 이탈 후 주가가 반등할 때 분할 매도 중 주가가 꺾였다면 하락추세의 시작으로 보아야 한다. 이러한 경우 대부분 상당한 기간 동안 현재의 가격 이상을 회복하기 어려울 것이다. 이때는 주저하지 말고 전량을 즉시 매도하는 것이 최상이다.

3. 초보투자자는 주가가 하락추세선을 돌파하면 주가 반등을 기대하지 말고 즉시 매도하라

필자의 경험에 의하면 추세를 이용한 매수와 매도의 큰 차이점은 매수할 때는 하락추세선을 주가가 돌파해 상승해도 눌림목에서 살 수 있기 때문에 여유가 있다. 하지만 매도할 때는 주가가 상승추세선을 하락돌파하면 하락흐름이 빨라져 크게 하락하는 경우가 많다. 따라서 반등을 기다리기보다는 주가가 상승추세선을 하락돌파할 때 즉시 매도해야 한다.

4. 주가가 반등할 때 매도(b, c, d)는 불가피한 경우에만 하자

강세장에서는 주가가 상승추세를 돌파해도 간혹 반등이 큰 경우 다시 추세선까지 상승하거나 이전 고점 이상으로 회복되는 경우도 있다. 하지만 보합세장이나 약세장에서는 이런 현상이 더욱 심해져 주가의 반등은 대부분 미약하다. 주가의 특성상 강세장이 한토막이라면 보합·약세장은 두 토막이 되므로 반등을 기대하여 매매하는 것은 매우 위험한 발상이다. 따라서 매도시점을 놓친 상태에서 빠져 나올 수 있는 다시 한 번의 기회를 얻는 것으로 생각해야 한다.

5. 추세선 하락돌파할 때나 주가가 반등할 때 주가가 강하게 상승하더라도 절대 재매수하지 말자

너무 싸게 팔아 아쉬움이 남겠지만 특별한 경우가 아니라면 이 때 재매수하는 것은 화를 자초하는 일이다. 주가가 추세선을 돌파해 하락하면 상승력이 강력해도 곧 하락하거나 추세선 근접지점 정도에서 꺾일 가능성이 크다. 차라리 재매수를 하려면 주가가 이전 고점을 돌파하는 확실한 상승추세에 들어선 후가 적당하다.

3

확률 높은 주가 패턴을 이용한 매매법

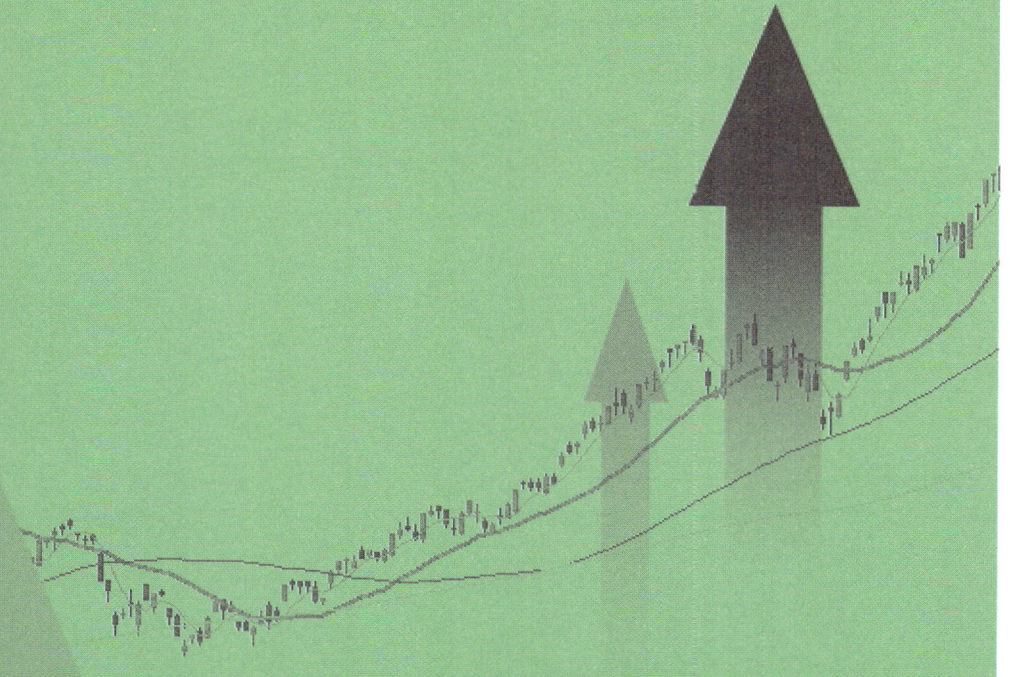

패턴이란

　패턴(pattern)이란, 과거 주가의 움직임과 습성을 뜻한다. 앞서 설명한 추세선 중에서 고점을 이은 것이 하락추세선이고, 저점을 이은 것이 상승추세선이라고 했다. 주가에 이 두 선을 그으면 그 사이에서 주가의 움직임을 확인할 수 있는데 이것을 패턴이라 한다. 패턴에 나타나는 과거의 주가 움직임과 습성을 파악하면 어떤 형태의 주가 패턴에서는 주가가 어떻게 움직인다는 확률적 통계를 얻을 수 있다.

　필자의 경험에 의하면 몇몇 패턴은 지금도 주식시장에서 정확히 들어맞는다. 그리고 필자가 가장 중시하는 기법을 꼽으라면 패턴이 빠지지 않는다.

　패턴은 과거 주가 흐름의 형태이지만 이를 통해 미래를 예측할 수 있으며 그 정확성은 절대 가볍게 볼 것이 아니다. 그 동안 선배들로부터 적립되어 온 패턴의 수는 상당히 많지만 여기에 소개하는 패턴은 필자의 20년 경험에 의해 적중률이 높았던 패턴들만을 모았다. 패턴은 다른 매매법보다 구분하기 쉽고 이해하기 쉬워 초보 투자자들이 알아두면 주식을 저가에 매수할 수 있는 요령을 터득할 수 있다.

패턴을 이용한 매매법

1. 쌍바닥 저가매수법

주가의 흐름이 'W' 형태의 모양이 되는 것을 이중바닥 혹은 쌍바닥형이라고 하는데 패턴 중에서도 가장 확률이 높고 중요한 패턴이다. 쌍바닥은 주가가 오랜 기간 동안 하락한 후 최후의 저점을 만들고, 반등할 때 형성된다.

쌍바닥은 바닥이 두 개라는 뜻으로 그림에서처럼 주가가 첫 번째 바닥을 찍고(a) 올라간 후 저항을 받고(b) 내려오다 첫 번째 저점 가격(a)이 지지 역할을 해주면서 그 가격 근처에서 주가가 다시 반등(c)하여 만들어진 W자의 흐름이다. 주가가 W자 반등에 성공하면 큰 폭의 상승과 함께 추세전환의 계기가 된다.

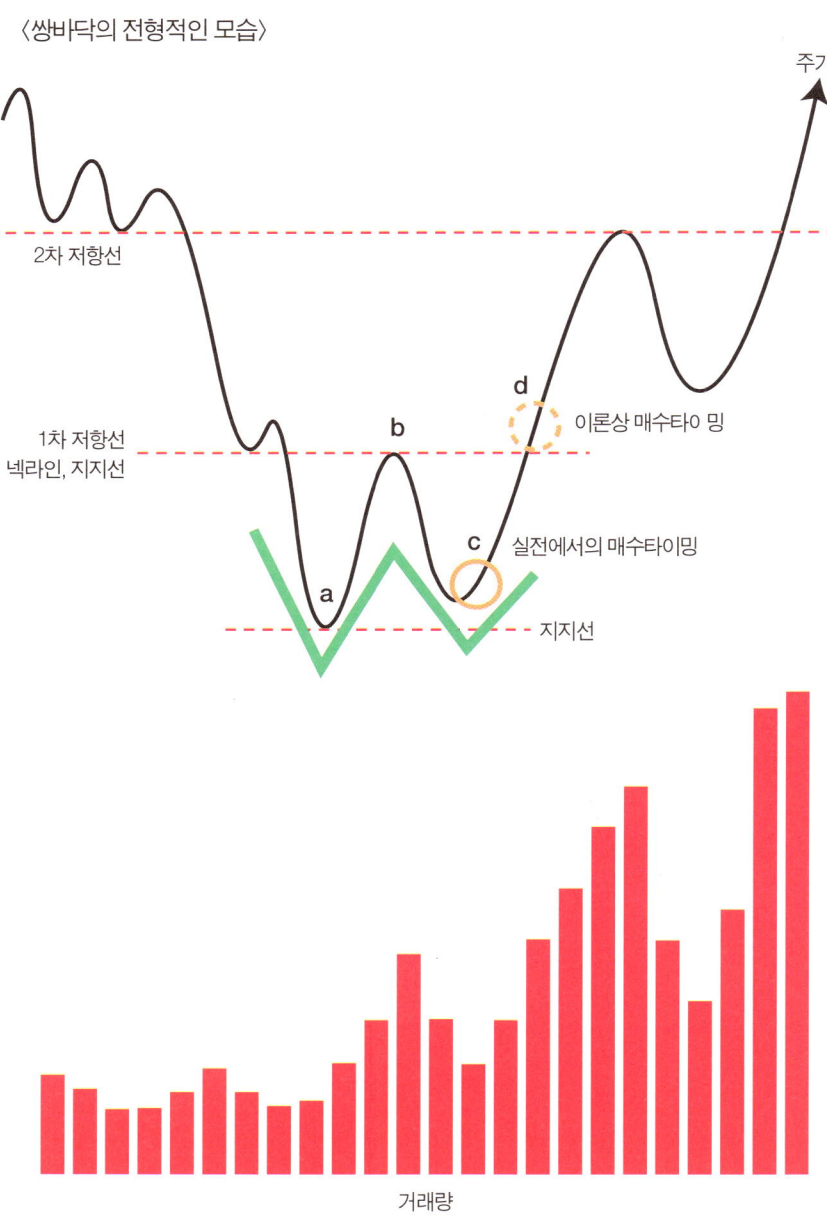

〈쌍바닥의 전형적인 모습〉

주가

2차 저항선

d
이론상 매수타0 밍

1차 저항선
넥라인, 지지선

b

c
실전에서의 매수타이밍

a

지지선

거래량

쌍바닥의 특징은 첫 번째 바닥보다 두 번째 바닥이 위쪽에 형성되는 경우가 많고, 첫 번째 바닥은 경사가 급하지만 두 번째 바닥은 좀 완만하다. 그리고 바닥을 형성한 후 상승할 때는 큰 폭의 상승과 함께 거래량이 폭증하는 것이 보통이다. 일반적으로 주가가 'W' 자 우측 바닥을 형성하고 d지점을 지나는 때가 이론적인 매수타이밍이면서 초보투자자들이 매수해 볼 만한 지점이다.

그러나 문제는 첫 번째 바닥인 a지점에서 반등폭이 클 경우 정석적인 매수타이밍인 d지점이 너무 높아져 고가에 매수하는 문제가 발생한다. 이럴 때는 주가가 첫 번째 바닥을 찍고 상승한 봉우리(b)가 높게 형성된 것이 관찰되면, 두 번째 바닥('W' 자 우측)을 벗어난 c지점을 실전 매수타이밍으로 삼으면 된다.

기존투자자에게 적합한 매수포인트

실전에서 수익을 많이 낼 수 있는 매수타이밍은 두 번째 바닥에서 상승하는 a지점이다(뒷페이지 그림1). 주식투자에 경험이 있는 븐들이 주로 이용하는 매수타이밍으로 두 번째 바닥에서 주가가 상승하면 크게 상승할 수 있고, 최소한 1차 저항점까지는 무난히 상승할 수 있다(쌍바닥의 깊이를 재서 그 폭만큼 주가가 상승한다고 예측하기도 함). 그리고 시장이 급속히 악화되어도 저항선에서 매도해도 손실을 보지 않는다.

그러나 초보투자자들은 저항선이 너무 높아지는 경우가 아니라면 정석대로 이론매수(b)를 하는 것이 좋다. a지점(실전 매수타이밍) 매수는

그림 1   삼성테크윈 일봉차트

| 012450 | ▼ [C] □ | 삼성테크윈 | 30틱 | 1분 | 2분 | 3분 | 5분 | 7분 | 일 | 주 | 종일 | ⚙ |

■ 삼성테크윈 ■ 종가 단순 5 20 60

LC:46,9
HC:-5,

최고 12,350 (08/04) ➜

12,000

11,500

11,000

10,500

10,000

9,500

9,000

넥라인

8,500

저항선

b

이론적인 매수타이밍

a

실전 매수타이밍

최저 7,930 (05/02)

8,000

■ 거래량
1,157,762주 (72.11%)

2,500K

2005/01   03   04   05   06   07   08   08/08

초보투자자들이 매수할 포인트는 이론적 매수타이밍인 b지점이다.

불확실함이 깔려 있지만, 1차 저항점을 돌파한 후 매수하는 b지점 매수는 확실성이 있어 큰 실수가 없다. 욕심부려 수렁에 빠지는 것보다는 덜 먹는 것이 낫지 않겠는가.

우측 바닥의 a지점은 주식의 생리를 아는 중·고수들의 타이밍이다. 그들은 주가가 지지선 이하로 내려가면 즉시 손절매할 수 있는 능력이 있지만, 초보투자자들은 그런 상황에서 손절매하는 것이 쉽지 않기 때문에 b지점을 권하는 것이다. 초보투자자들에게는 '잃지 않는 것이 곧 버는 것'이기 때문이다.

쌍바닥매수는 바닥에서 주식을 매수할 수 있는 장점이 있어 초보투자자들에게 생각 외의 큰 수익을 안겨줄 수 있는 매수법이다. 하지만 욕심은 절대금물이다. 필자의 오랜 경험에 의하면 정석대로만 매매하고 무리하지 않으면 큰 수익을 낼 수 있다.

패턴을 이용한 매수는 주로 일봉차트에서 적용하면 확률이 높지만 분차트에서도 단기투자에 활용할 수 있다. 참고로 이곳에서 설명되는 모든 것은 일봉차트에서의 적용을 말하며, 단기매매에 활용하고자 하는 분들은 필자가 그동안 집필한 단기매매에 관한 책들을 보기 바란다.

쌍바닥 주가의 상승폭 예측법
이론적으로 주가 반등의 최대점을 알아보기 위해서는 〈그림 1〉과 같이 넥라인(neck)을 긋고 a지점부터 b지점까지의 반등폭만큼 주가가 저항 받지 않고 추가상승할 것을 예상한다. 그러나 이론과 달리 실전에서는 전형적인 패턴에서만 넥라인이 적용되고 변형된 쌍바닥에서는 왜곡되거나 적용이 곤란한 경우가 종종 있다. 이를 보완하기 위해서 필자가 경험을 통해 얻은 매매기법들을 소개하겠다.

일봉차트에서 첫 번째 바닥의 반등폭은 마지막으로 급락한 주가폭의 1/3 정도에서 크게는 1/2(50% 되돌림법칙)까지로 예상하면 된다. 두 번째 바닥의 반등폭은 주가가 이전 고점에서 저항 받겠지만 이를 뚫으면 급락하기 시작했던 가격(1·2차 저항선)까지 상승할 것을 예상해도 좋다(약간의 오차는 있음).

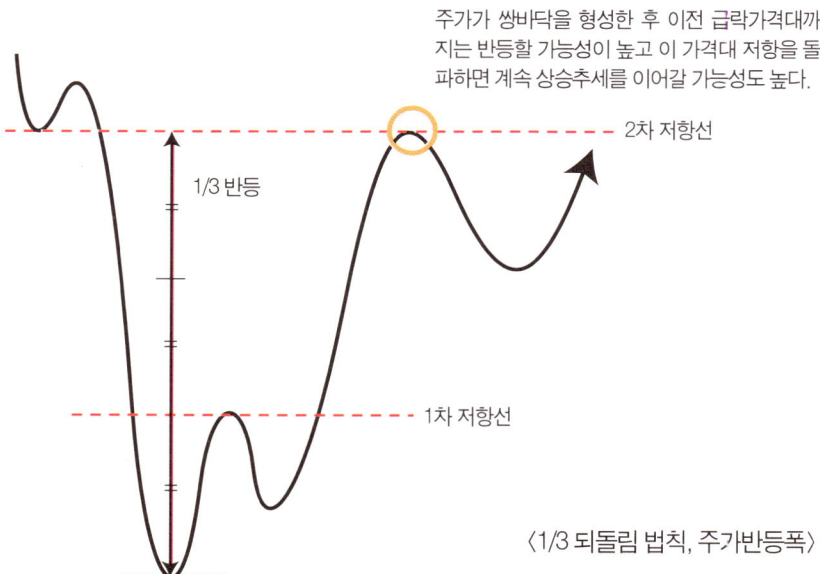

주가가 쌍바닥을 형성한 후 이전 급락가격대까지는 반등할 가능성이 높고 이 가격대 저항을 돌파하면 계속 상승추세를 이어갈 가능성도 높다.

2차 저항선

1/3 반등

1차 저항선

〈1/3 되돌림 법칙, 주가반등폭〉

만일 쌍바닥매수를 했는데 반등이 시원치 않을 경우 필자의 설명이 틀린 것이 아니라 제대로 된 쌍바닥 주가를 사지 않았기 때문이다. 주가가 단기적으로 쌍바닥을 만드는 경우는 아주 흔한 일이다. 그렇기 때문에 진짜 쌍바닥을 사야 한다. 진정한 쌍바닥은 주가가 오랫동안 조정받고 매수세가 없는 공황상태에서 마지막으로 폭락한 후 'W' 자를 이룰 때다.

초보투자자라도 저가 바닥매수를 했다면 가만히 내버려두어도 큰 수익을 올릴 수 있다. 따라서 매수시점을 잡을 때는 '골이 깊으면 산도 높다' 는 증시 격언을 떠올리면 좋은 결과를 얻을 수 있다.

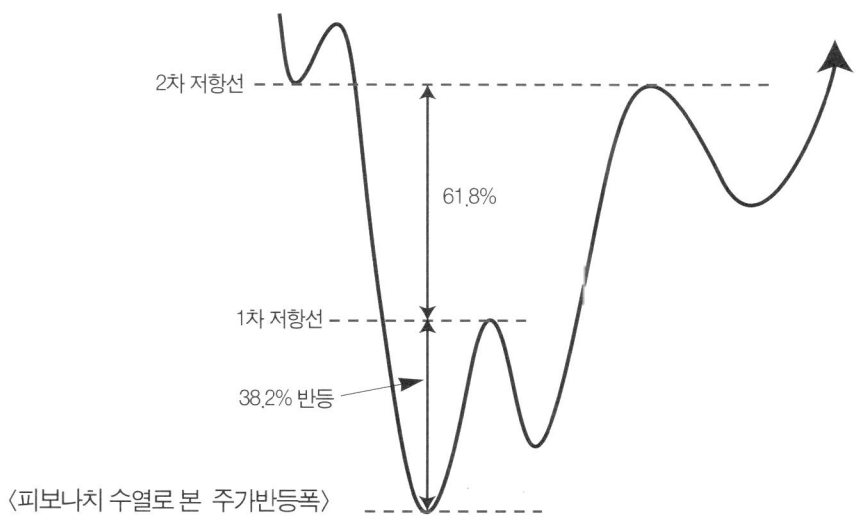

2차 저항선

61.8%

1차 저항선

38.2% 반등

〈피보나치 수열로 본 주가반등폭〉

두 번째 바닥이 높을수록 상승 확률이 높다

〈그림 B〉와 같은 쌍바닥 패턴이 가장 이상적인 모양이다. 이런 모양에 서는 주가가 단기간에 급등할 가능성이 매우 높고, 하락해도 첫 번째 바닥 저점에서 지지가 가능하다.

이상적인 쌍바닥 요건은 첫 번째 바닥보다 두 번째 바닥의 저점이 높아 야 한다. 두 번째 바닥이 높다는 것은 주가가 첫 번째 바닥 저점까지 떨어 지기 전에 매수세가 몰렸다는 매매심리가 반영된 것이다.

그리고 첫 번째 바닥 이하로 주가가 내려가지 않고 반등하는 〈그림 A〉 와 같은 쌍바닥이 좋은 모양이다. 나쁜 모양은 두 번째 바닥이 첫 번째 바 닥 저점보다도 아래에서 형성되어 쌍바닥을 이루는 경우다(〈그림 C〉).

〈그림 A〉

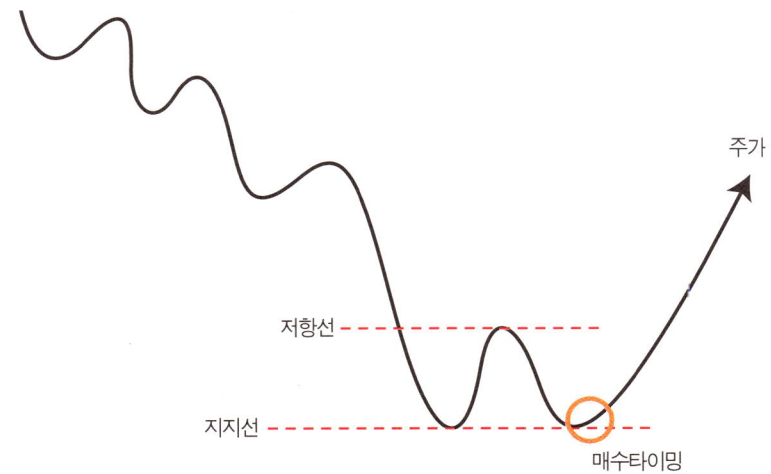

〈그림 B〉

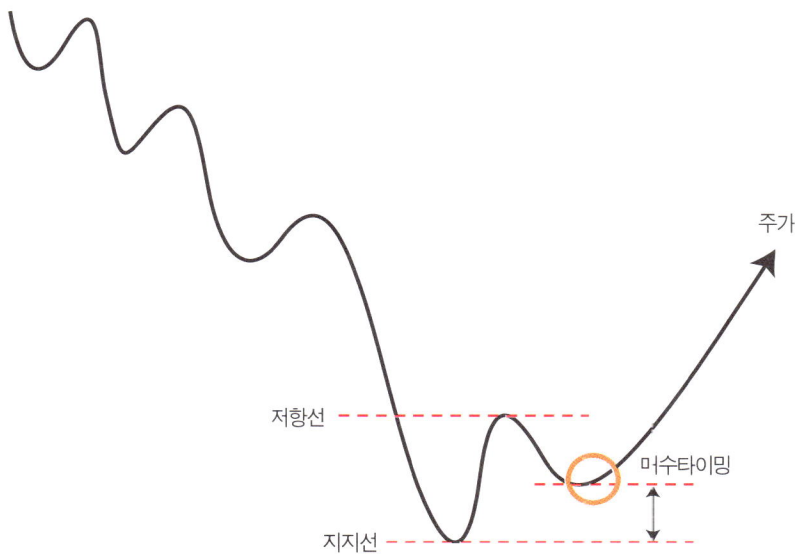

주가

저항선

매수타이밍

지지선

〈그림 C〉

주가

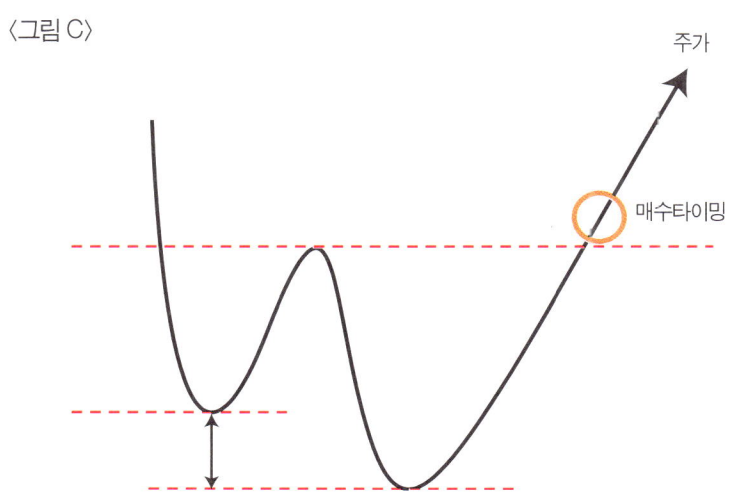

매수타이밍

83

그림 2　우리투자증권 일봉차트

005940　　　　우리투자증　30틱　1분　2분　3분　5분　7분　일　주　종일

우리투자증권　종가 단순 5 20 60　　　　　　　　　　　　　　　　LC:58.0
　　　　　　　　　　　　　　　　　　　　　　　　　　　　　　　　　HC:-4.0

최고 12,850 (03/02)

추세선 돌파 후
2차 매수타이밍

50%

넥라인

수평저항선

초보투자자의 매수타이밍

실전 매수타이밍

최저 7,750 (04/29

거래량
1,130,727주(53.36%)

2005/01　03　04　05　06　07　08　08/01

- 12,500
- 12,000
- 11,500
- 11,000
- 10,500
- 10,000
- 9,500
- 9,000
- 8,500
- 8,000
- 7,500
- 5,000

넥라인을 그어보니 경사각이 너무 커 매수타이밍 잡기에 적절치 않다. 이럴 때는 수평저항선을 그어 매수 시점을 찾으면 정확하다. 초보투자자에게는 저항선을 돌파할 때가 안전하다.

　　　이들 세 타입들의 쌍바닥 형성 후 주가 반등의 강도를 보면 B 〉 A 순이
다. 〈그림 C〉 같은 경우도 간혹 등장하는데 아주 극적인 주가전환이 이루
어지는 경우다. 차트를 생략했지만 쌍용자동차의 경우 일봉차트를 열어
보면 〈그림 C〉와 같은 극적인 쌍바닥 모양을 볼 수 있다. 초보투자자라면
반드시 차트를 열어보고 예외적인 쌍바닥을 연구해보기 바란다.

쌍바닥 패턴 주가 상승확률은 85%

쌍바닥이 좋게 형성된 종목은 필자가 가장 선호하는 패턴으로 주가가 두 번째 바닥('W'자 우측 반등 부분)을 찍고 상승세로 돌아서면 상승할 확률은 80~85% 정도 된다. 이 정도면 상당한 적중률이라고 할 수 있다. 필자의 경험으로는 〈그림 A〉와 같은 보통의 쌍바닥도 주가 상승확률이 상당히 높았기 때문에 초보투자자들도 용기를 내어 매수에 임할 것을 권한다.

단기매매자들도 돈 되는 쌍바닥매수를 매우 좋아한다. 초보투자자도 투자에 익숙해지고 매매타이밍이 눈에 보이면 단기 쌍바닥매수도 해볼 만하다. 이때도 초보투자자들의 매수타이밍은 역시 우측 바닥이 상승할 때가 가장 적합하다. 주가가 급락할 때는 앞에서 설명한 넥라인 긋기가 애매하다. 이때는 억지로 선을 긋지 말고 주가 하락폭의 1/3 정도(클 경우 1/2 정도)를 반등폭으로 예측해 단기매매하면 된다(급락한 종목은 급등할 수 있지만 얼마가지 못함).

우측 바닥을 매수타이밍으로 삼았을 때 단기에 최대로 오르면 첫 번째 바닥('W'자 좌측)의 최대가격까지는 반등할 것으로 예측할 수 있다. 그리고 그 이후의 저항대를 파악해 매도타이밍을 잡아야 한다. 제대로만 잡으면 1주일에 10~20% 수익을 올릴 수 있다. 참고로 '산이 높으면 골이 깊고, 골이 깊으면 산도 높다'는 증시 격언을 잘 음미해보면 언제 매수해야 할지 답을 얻을 수 있다.

쌍바닥 패턴 포인트

첫째, 'V'자 상승을 기대하는 것은 망하는 지름길이다

주식을 좀 하다보면 주가가 'W'자가 아닌 'V'자로 급상승하는 경우가 종종 있다. 이때 마음을 급하게 먹고 'V'자 상승이라고 판단하여 두 번째 바닥이 아닌 첫 번째 바닥을 사버리면 크게 어려움을 당할 수도 있다. 'V'자 상승을 쉽게 판단할 수 없기 때문에 첫 번째 바닥매수는 고수들도 하기 어려운 것이다.

둘째, 급하면 실패한다

초보투자자라면 저가매수가 가능한 쌍바닥을 노리는 것이 현명하다. 주의할 점은 주가가 아무리 큰 폭으로 하락했더라도 쌍바닥패턴이 확인되지 않는 한 첫 번째 바닥에서 절대 매수하지 말아야 한다. 운이 좋으면 'V'자 상승으로 급등할 수 있지만, 그런 기대는 아예 갖지 않는 것이 좋다. 그리고 바닥을 모르고 떨어지는 주식을 단순히 'W'자로 반등하겠지 하는 생각으로 미리 매수하는 실수도 범해서는 안 된다. 한 발 먼저 가려다 쪽박 찰 수도 있다.

셋째, 확실한 타이밍만 노리자

초보일 때는 급변하는 장세에 대처하기가 쉽지 않으므로 안전성 있고 확실성 있는 매매만 골라서 하는 것이 돈 버는 방법이다. 그런 확실한 타이밍이란 바로 쌍바닥매수법이다. 〈그림 1〉의 삼성테크윈은 'W'자 우측 바닥이 좌측 첫 번째 바닥보다 더 높은 이상적인 쌍바닥 형태이다. 우측 첫 번째 바닥을 찍고 상승한 'W'자의 가운데 봉우리가 높지 않아 초보투자자라도 이론적인 매수타이밍에서 매수하면 큰 수익을 낼 수 있는 모양이다.

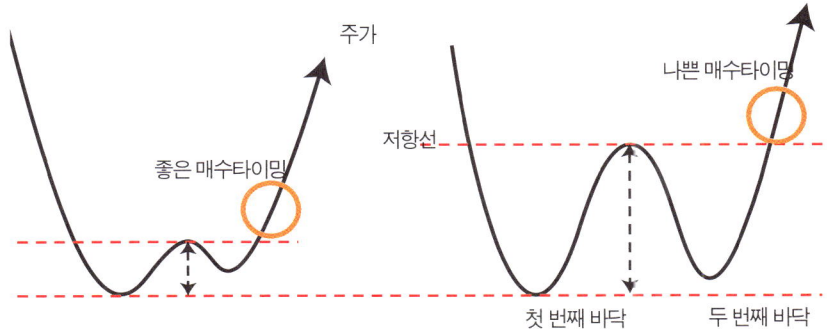

주가

좋은 매수타이밍

저항선

나쁜 매수타이밍

첫 번째 바닥　　　두 번째 바닥

　　쌍바닥에서는 우측 바닥의 저점이 좌측 바닥의 저점보다 더 높게 형성되었는가, 좌측 바닥 찍고 상승한 봉이 얼마나 높은가를 관찰해야 한다. 그리고 우측 바닥에서 상승한 주가가 저항점을 돌파할 것인가 등을 판단해 매수타이밍을 잡아야 한다.

　　필자가 매도타이밍보다 매수타이밍에 큰 비중을 두는 이유는 한동안 투자자들을 위한 강의를 할 때 초보자들이 가장 어려워하는 것이 매수타이밍임을 알게 되었다. 그렇기 때문에 누구든지 싸게 주식을 사면 투자에 실패할 일이 없음을 새삼 느끼게 되었다.

　　매수뿐 아니라 매도도 잘 해야 수익을 극대화시킬 수 있겠지만 초보투자자들에게 무엇보다 중요한 것은 어느 종목을 살 것인가, 언제 살 것인가, 일괄매수할 것인가, 분할 매수할 것인가, 바닥 친 종목을 살 것인가, 뛰는 종목을 추격매수할 것인가 하는 상황을 판단하고 결정할 수 있는 힘을 기르는 것이다. 한마디로 '매수를 잘하면 돈은 자연스럽게 벌게 된다.'

ㄹ. 삼중바닥 저가매수법

매수타이밍 잡는 법

쌍바닥(2중바닥) 패턴이 주식의 저가가 두 번 있는 것이라면 삼중바닥 패턴은 세 번 있다는 것이다. 삼중바닥 이론은 사케다 5법 중심이론 중 삼천(三川)이론과 비슷한 것으로 역헤드앤숄더형이라고도 한다.

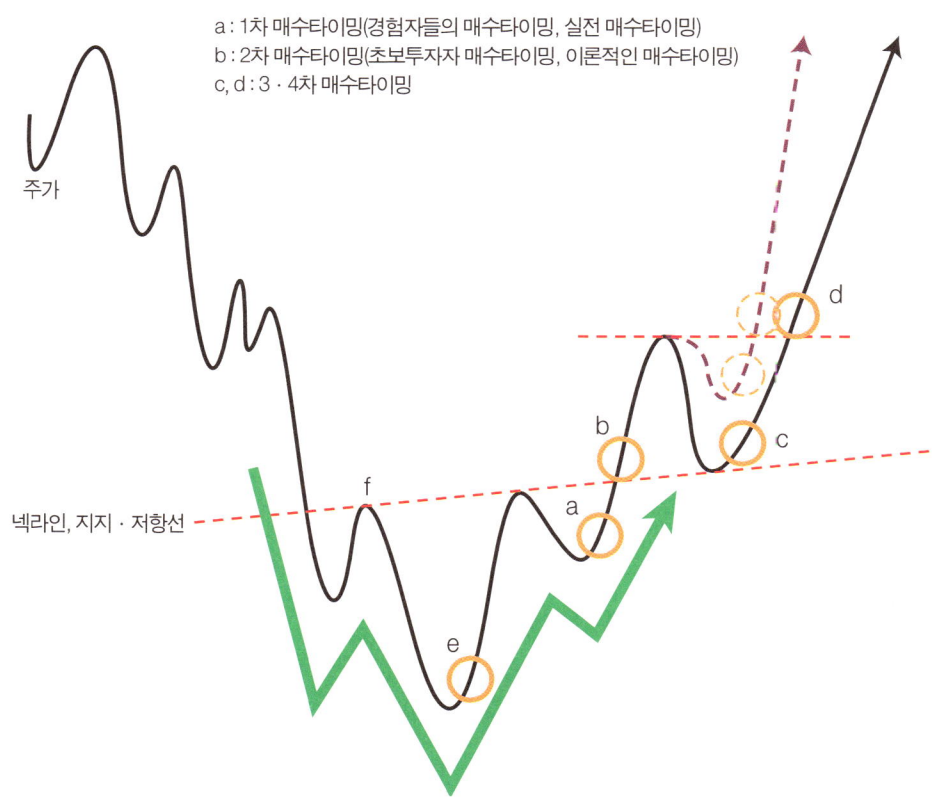

a : 1차 매수타이밍(경험자들의 매수타이밍, 실전 매수타이밍)
b : 2차 매수타이밍(초보투자자 매수타이밍, 이론적인 매수타이밍)
c, d : 3 · 4차 매수타이밍

주가

넥라인, 지지 · 저항선

3개의 산 봉우리 모양을 거꾸로 뒤집어 놓은 형태인 삼중바닥 패턴은 주가가 오랜 기간 하락추세에서 바닥을 다지고 상승추세로 전환할 때 나타난다. 주가가 바닥 근처일 때 출현하는 삼중바닥, 쌍바닥 패턴 중에서

그림 3 금호산업 일봉차트

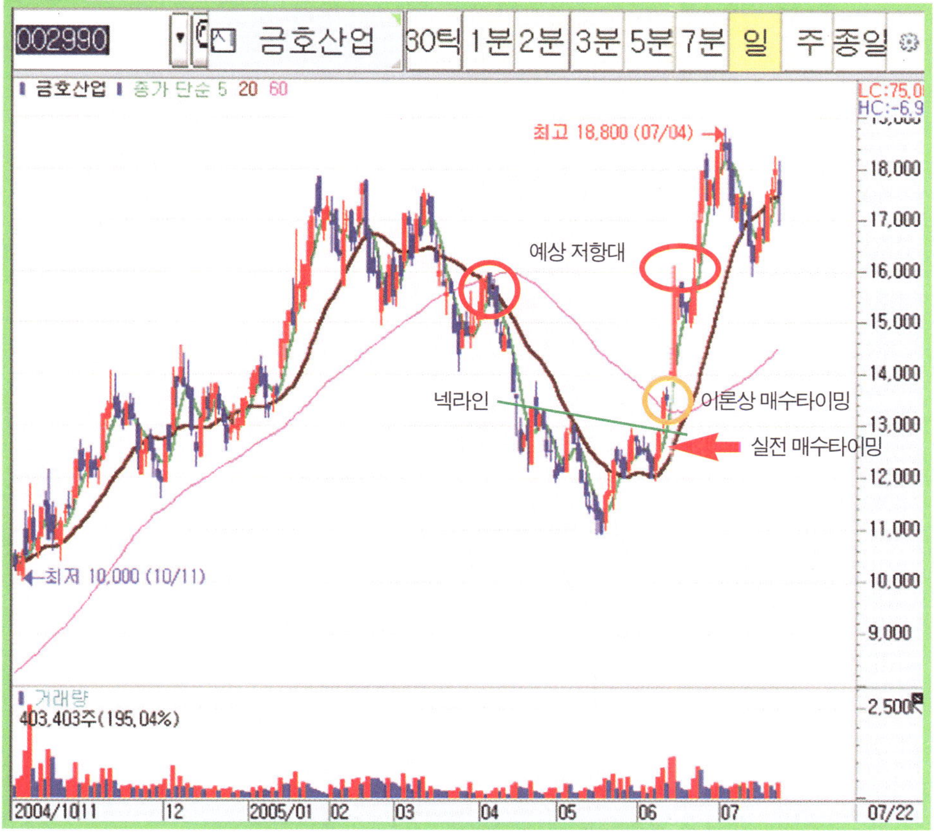

| 002990 | ▼ | | 금호산업 | 30틱 | 1분 | 2분 | 3분 | 5분 | 7분 | 일 | 주 | 종일 | ⚙ |

■ 금호산업 ■ 종가 단순 5 20 60

LC:75,0
HC:-6,9

최고 18,800 (07/04) →

예상 저항대

넥라인

어론상 매수타이밍

실전 매수타이밍

←최저 10,000 (10/11)

■거래량
403,403주(195,04%)

2004/10 11   12   2005/01   02   03   04   05   06   07   07/22

넥라인 돌파시가 이론적인 매수타이밍이며, 초보투자자들도 안전하게 매수할 수 있다.
가장 오른쪽 세 번째 바닥의 상승 시작점이 중·고수들의 매수포인트다.
넥라인이 우상향하는 경우 매수하면 주가의 상승탄력이 크다.

〈삼중바닥패턴〉

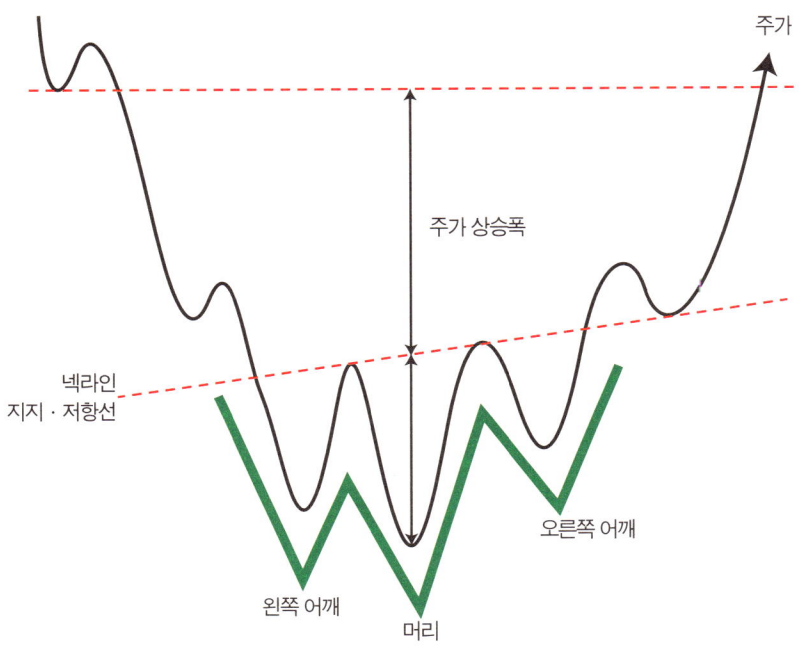

삼중바닥 패턴은 이중바닥 패턴에 바닥이 하나 더 있는 것으로 어깨, 머리, 어깨
가 형성된다. 첫째와 둘째 바닥만 보면 안 좋은 쌍바닥 형태지만, 주가가 반전한
후 이전 저점 부근에서 지지되어 상승을 예고하는 형태다.

삼중바닥형은 쌍바닥 못지않게 적중률이 높아 바닥매수를 목표로 한다
면 꼭 알아두어야 한다.

　그림에서 안쪽 봉우리를 이은 넥라인(neck line)은 주가가 아래 있을 때
는 저항선 역할을 하고 위에 있을 때는 지지선 역할을 한다. 넥라인이 우

하향하는 모양이라 실전 매수타이밍과 이론상의 매수타이밍이 비슷한 위치에 있다. 각도가 커질수록 확실성이 있는(저항선 돌파) 이론상의 매수타이밍을 실전 매수타이밍으로 잡고, 넥라인이 우상향하는 각도가 클수록 실전 매수타이밍을 진정한 매매타이밍으로 잡으면 된다.

주가 상승폭 예측하는 방법

주가가 급락하여 삼중바닥이 형성되었다면 최소한 급락하기 직전의 가격대까지는 상승할 것이라고 예측하면 무난한다. 이론적으로 주가가 상승할 최소치는 넥라인을 그어 가운데 봉우리 끝에서 넥라인의 폭만큼 추가상승할 것으로 보는 것이 일반적이다(뒤에 나올 쌍봉의 경우에도 이런 방법으로 예측하기 바람).

초보투자자에게 이상적인 매수포인트

1. 예측 매매 금지

실전 매수시점은 쌍바닥의 경우처럼 우측 바닥 상승 포인트를 노려야 한다. 주가의 흐름을 지켜보다가 세 번째 바닥에 왔을 때 매수(a)할 수 있도록 길목지키기가 필요하다(반드시 주가가 반등으로 돌아서야 매수타이밍이다. 돌아설 것을 예측하는 매매는 절대금지).

2. 넥라인의 하향 각도가 크면 매수(a)에 신중해야 한다

넥라인의 하향 각도가 크다면 두 번째 바닥 반등이 시원치 않았다는 것이므로 섣불리 세 번째 바닥 터닝지점(a)에서 매수해서는 안 된다. 추가하락이 있을 수 있다(확률 30%).

3. 넥라인의 상향 각도가 크면 상승 탄력이 크다

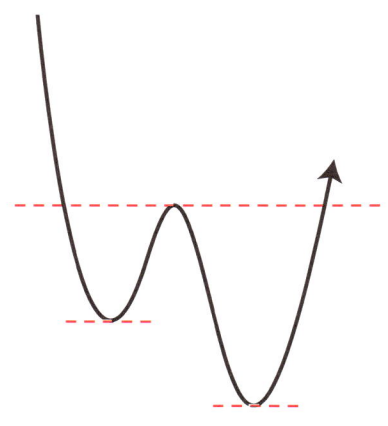

넥라인이 상향하는 모양을 갖출 때가 최상이다. 그러나 이런 경우가 많지 않기 때문에 a지점에서 매수해도 좋다. 좋은 넥라인 모양은 수평에 가깝거나 하락 각도가 작은 것이다. 따라서 a지점에서 공통적으로 매수했다면 상승탄력이 큰 A 〉 B 〉 C 순으로 성공 확률도 높다.

〈안 좋은 쌍바닥〉

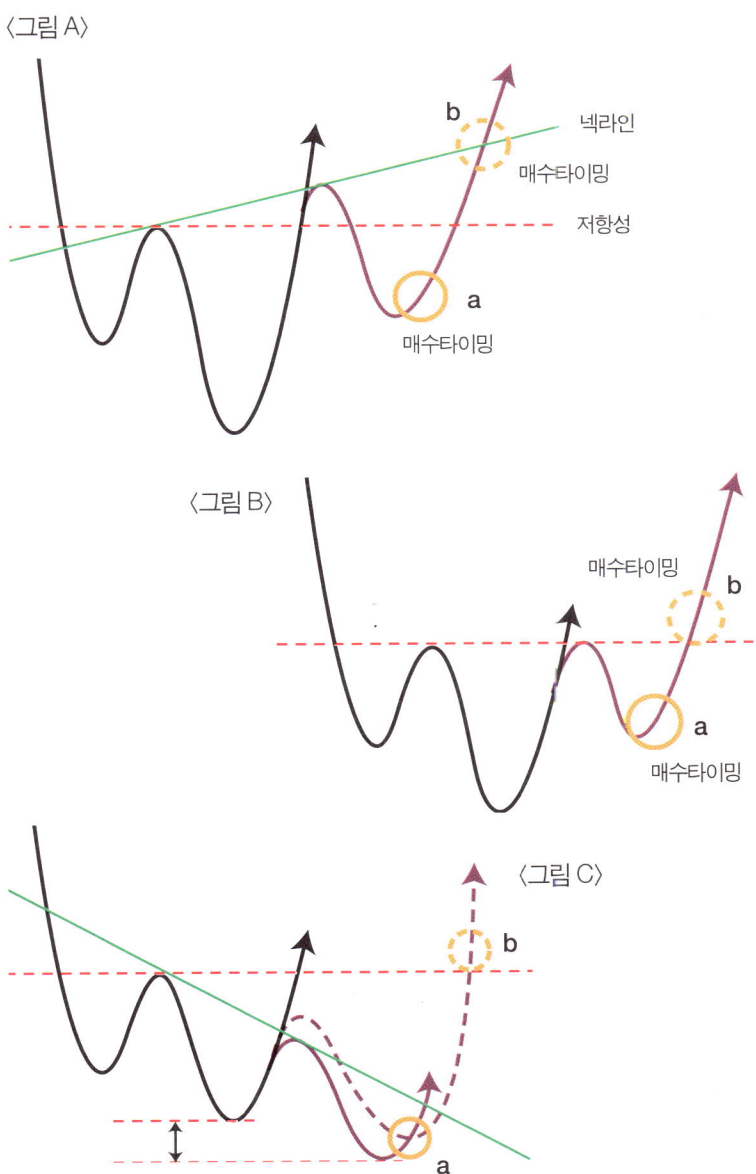

〈좋은 쌍바닥〉

〈그림 A〉

b
넥라인
매수타이밍
저항성

a
매수타이밍

〈그림 B〉

매수타이밍
b

a
매수타이밍

〈그림 C〉

b

a

4. 초보투자자가 매수해야 할 포인트

다음 그림에서 만약 a지점에서 매수하는 것에 자신이 없고 복잡하다면 무조건 b
지점에서 매수하면 주가가 상승할 확률이 매우 높다. 단 반등폭이 지나치게 커 넥라
인 아래로 주가가 흘러 내려오면 적색신호로 받아들여야 하며, 바닥 저점마저 깨려

 머리부 바닥에서 반등할 때가 이론적인 매수타이밍이지만, 주가의 횡보로 어려
움을 겪는 모양이다. 이때 넥라인은 지지선 역할을 하고 있다. 주가가 상승해도
좌측봉 고점에서 저항받을 것이라 예상해야 한다. 6개월 만에 고점이면 주봉
상에 확실한 쌍봉이 형성되었을 것이다.

한다면 저점가격 이하로 하락할 때 손절매해야 한다.

경험 있는 투자자라면 주가가 반등할 때 넥라인에 근접하는 c지점에서 매수하거나, 기다림이 지겹고 확실한 것만 매수하겠다면 고점을 돌파하는 d지점에서 매수하는 것도 실질적인 매수타이밍이 될 수 있다.

고점을 돌파한 d지점에서 사는 것은 주로 고수들이 사용하는 매매법으로 이들은 삼중바닥 모양이 완성되고 주가가 상승하면 차후에 큰 폭으로 상승할 가능성이 크므로 조금 더 비싸게 사도 남길 수 있다고 생각한다. 그러나 주가가 넥라인을 돌파한 후 상승세가 강해 반등폭이 작으면 c지점이 너무 높아질 수 있다. 따라서 초보 투자자들은 가능한 한 이론적 타이밍인 b지점에서 매매하다가 능숙해지면 a지점을 공략하는 것이 좋다.

5. 삼중바닥 관찰포인트
삼중바닥의 필수조건은 두 번째 바닥(머리)은 첫 번째 바닥에 비해 낮거나 같아도 되지만 우측의 세 번째 바닥은 반드시 두 번째 바닥보다 위에 형성되어야 한다. 〈그림 C〉처럼 두 번째 바닥보다 더 하락하는 바닥이 생기면 하락추세의 연장으로 보아야 한다. 간혹 이런 형태에서도 상승하는 경우가 있지만 저항이 크기 때문에 상승탄력도 크지 않다.

3. 쌍봉 고가매도법

지금까지 바닥 주가를 사는 방법에 대해 알아보았는데 진정한 바닥에 매수했다면 중·장기로 묻어두어도 큰 수익을 내겠지만 잘 오르던 주가가 갑자기 급락하여 매도하지 못한 것을 후회하는 경우가 있다. 주식을 가장 고가에 처분하는 방법은 쌍바닥 모양을 뒤집어놓은 쌍봉(산 봉우리 2개 모양, M자 모양)패턴 매매법을 이용하는 것이다.

〈쌍봉패턴 매도타이밍〉

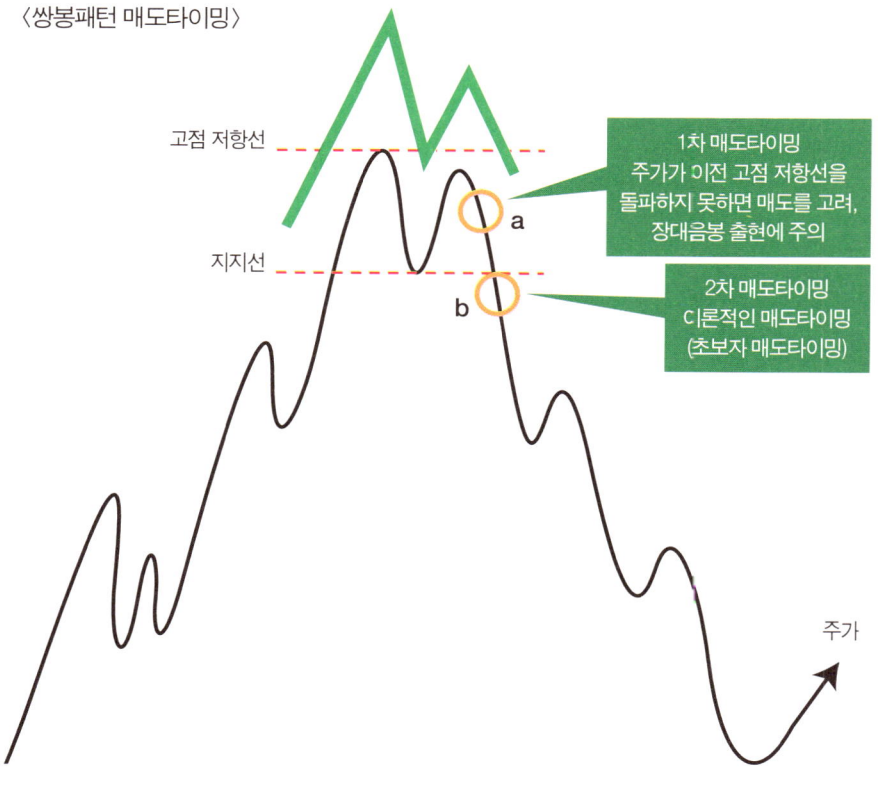

고점 저항선

지지선

1차 매도타이밍
주가가 이전 고점 저항선을
돌파하지 못하면 매도를 고려,
장대음봉 출현에 주의

a

2차 매도타이밍
이론적인 매도타이밍
(초보자 매도타이밍)

b

주가

그림 4 　한양증권 일봉차트

| 001750 | ▼ 🔍 신 | 한양증권 | 30틱 | 1분 | 2분 | 3분 | 5분 | 7분 | 일 | 주 | 종 | 일 | ⚙ |

▌한양증권 ▌종가 단순 5 　20 　60

LC:33.6
HC:-41

최고 5,570 (03/03) →

이론적
매도타이밍

지지·저항선 - - - -

-5,500
-5,250
-5,000
-4,750
-4,500
-4,250
-4,000
-3,750
-3,500
-3,250
-3,000
-2,750
-2,500

추세에 의한
매도타이밍

최저 2,435 (10/26)

추세선

-500,0

▌거래량
16,570주(48.88%)

| 2004/10 | 12 | 2005/01 | 02 | 03 | 04 | 05 | 05/02 |

급상승한 주가에 넥라인 긋기가 어려우므로
지지·저항선을 긋고 지지선 돌파시 매도타이밍을 잡으면 고가에 매도할 수 있다.

매도타이밍 잡는 법

오르는 주식을 어느 시점에서 팔아야 하는가는 무척이나 어려운 일이지만 쌍봉패턴만으로 고점에서 주식을 팔 수 있다. 우선 주가가 고점을 찍고 내려와 반등할 때 이전 고점을 뚫고 올라가지 못한다면 쌍봉패턴이 완성되는 것이다. 조금 빨리 감을 잡는 중·고수들은 첫 번째 봉우리의 가격이 두 번째 봉우리 가격에 미치지 못할 것을 미리 예상하고 대도타이밍을 잡아내기도 한다. 하지만 확신을 가지고 판단할 수 있는 매도시점은 주가가 이전 저점인 b지점을 하향돌파할 때다.

이런 쌍봉패턴은 주로 급하게 주가가 올랐을 때 발생하므로 주가가 지지점을 하락돌파하면 급락할 수도 있기 때문에 b지점의 매도타이밍을 놓쳐서는 큰 수익을 기대하기 어렵거나 큰 손실을 볼 수 있다. 이상적인 매도는 a지점에서 파는 것이지만 조금이라도 수익을 챙기고 나오려면 b지점에서 반드시 매도해야 한다.

잘 살펴보면 앞서 배운 추세매도와 쌍봉패턴의 매도타이밍이 다소 차이가 나는 것을 알 수 있다. 그렇다고 추세가 틀렸다는 것은 아니다. 이 경우 〈그림 4〉의 한양증권 차트 모양같이 주가가 규칙적인 패턴을 벗어나 마지막 상승이 급등한 상태에서 쌍봉이 되었기 때문에 추세와 차이가 생긴 것뿐이다. 만약 평범한 쌍봉이었다면 매도시점이 비슷했을 것이다.

따라서 매매타이밍은 한 가지 기법만을 적용해서 잡으면 오류가 생길 수 있다. 가능한 한 패턴, 추세, 지지·저항, 거래량 분포 등 여러 지표들을 종합해 공통되고 일치되는 것이 많을수록 정확한 타이밍으로 받아들이면 된다. 가장 좋은 분석방법은 유용한 분석기법들을 많이 적용해 대입해보고 같은 신호를 보일 때를 매매타이밍으로 잡으면 된다.

그림 5   제일바이오 일봉차트

급락으로 생긴 쌍바닥은 보통의 쌍바닥으로 보지 말고 단기로 접근할 필요가 있다.
가파르게 오른 주식은 지지선 혹은 넥라인 돌파시 반드시 절대적인 매도가 필요하다.

〈그림 5〉의 제일바이오 일봉차트는 쌍봉을 친 후 곧바로 쌍바닥을 형성했는데 주가의 급락으로 생긴 쌍바닥은 같은 쌍바닥이 아니므로 단기매매해야 한다. 주가의 급락으로 매도시점을 놓쳤을 때는 엄청난 손실을 볼 수도 있는 차트 모양이다.

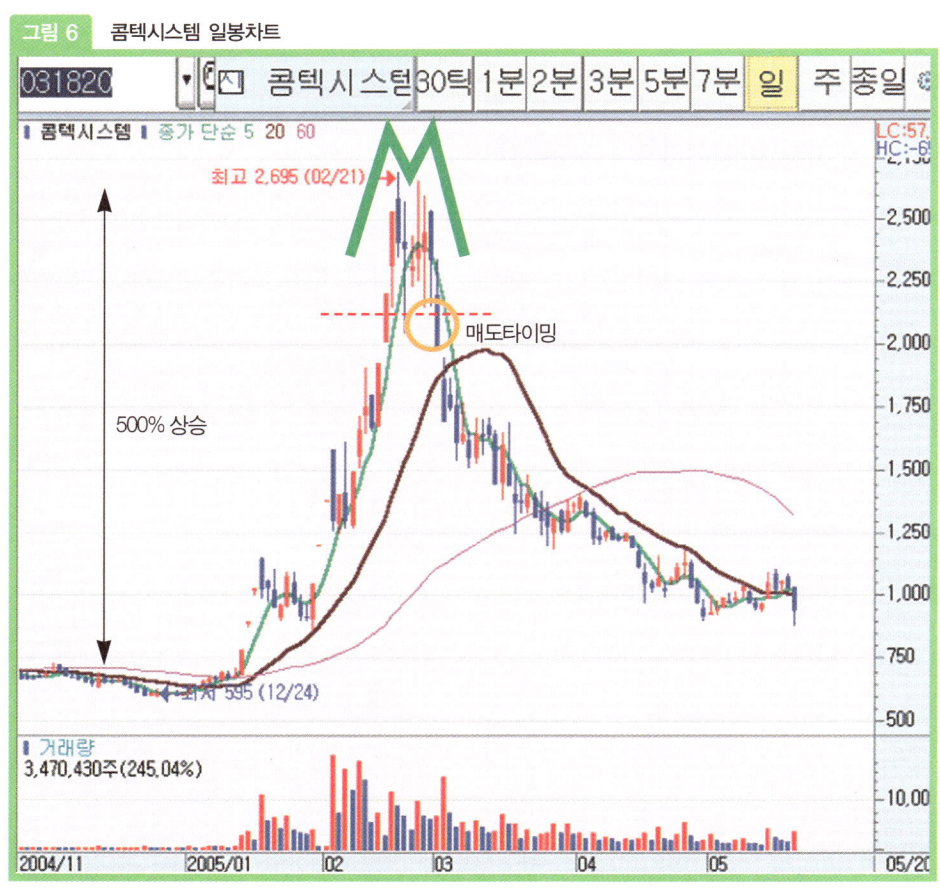

그림 6 콤텍시스템 일봉차트

〈그림 6〉의 콤텍시스템 일봉차트는 제대로 된 반등 한 번 없이 급락한 모양이다. 만약 표시된 매도타이밍에 팔지 않았다면 보유한 주식은 반 토막이 나거나 저가에 매수한 것이라도 이제까지 이룩했던 수익을 토해내

그림 7   로케트전기 일봉차트

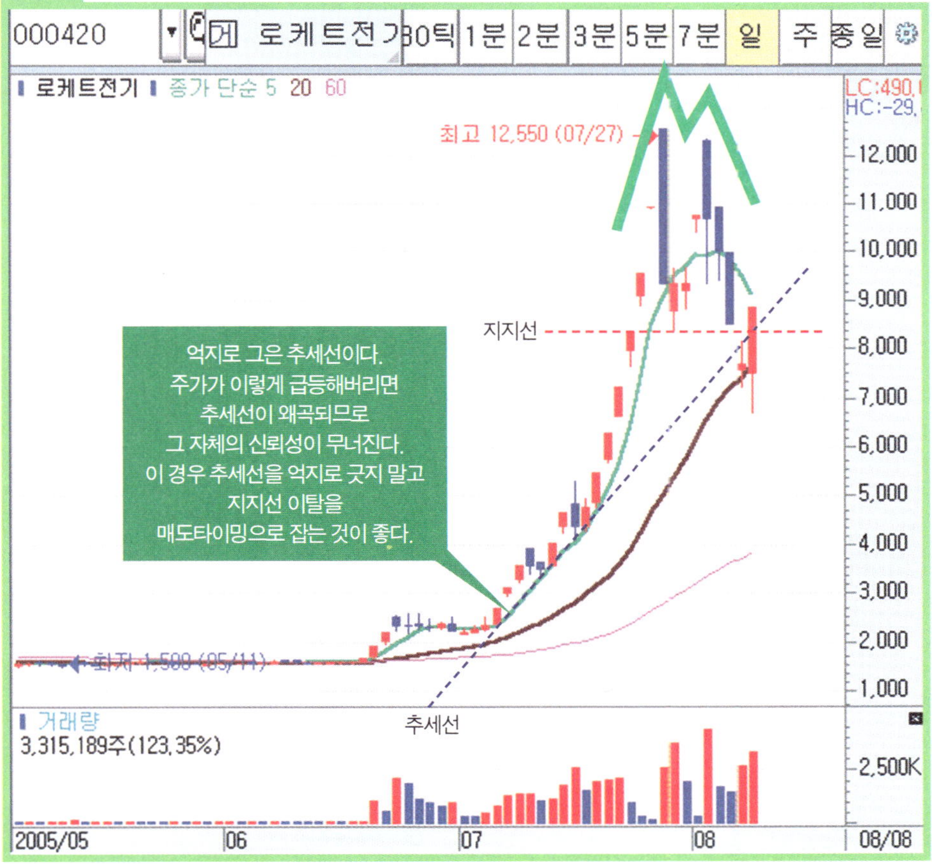

| 000420 ▾ | 로케트전기 | 30틱 1분 2분 3분 5분 7분 일 주 종 일 |

■ 로케트전기 ■ 종가 단순 5 20 60   LC:490,
HC:-29,

최고 12,550 (07/27)

지지선

억지로 그은 추세선이다.
주가가 이렇게 급등해버리면
추세선이 왜곡되므로
그 자체의 신뢰성이 무너진다.
이 경우 추세선을 억지로 긋지 말고
지지선 이탈을
매도타이밍으로 잡는 것이 좋다.

최저 1,500 (05/11)

추세선

거래량
3,315,189주(123.35%)

2005/05   06   07   08   08/08

주가가 급히 오르면 추세선을 억지로 그어 매도타이밍을 잡아서는 안 된다. 이때는 지지선을 그어 이를 돌파할 때를 매도타이밍으로 삼아야 한다. 주가가 지지선을 일단 돌파하면 한동안 주가 하락을 예측할 수 있다. 일시적 반등이 있더라도 매수에 신중해야 한다.

야 한다. 이렇게 급등하는 차트의 경우 추세선 긋기도 어렵기 때문에 지지점을 파악해 매도타이밍을 잡는 것이 좋다. 쌍봉에서 매도가 왜 중요한지는 〈그림 5〉와 〈그림 6〉를 통해 느끼기 바란다. 앞서 나온 차트들은 모두 '산이 높으면 골이 깊다'는 격언을 알려주는 교훈적인 차트이다.

〈그림 7〉의 로케트전기 일봉차트는 주가가 쌍봉을 치고 지지선을 돌파했으나 강한 반등을 주고 있다. 이 반등이 다시 상승추세로 바꿀 만한 것인지는 추후에 알아볼 일이지만 일시적인 반등이라면 낙폭의 1/2 이하나 1/3 이하에서 다시 하락으로 이어질 것이다. 워낙 반등이 큰 위꼬리 없는 장대양봉이라 다시 지지점 위로 올라갈 가능성도 높다. 그동안 지나치게 오른 주가가 쌍봉을 친 후 버틸 수 있을지 관찰대상이다.

초보투자자들은 주가가 반등하여 급하게 오르면 다시 사야 하나 하고 고민할 것이다. 이럴 때는 흔들리지 말아야 한다. 주가가 일시적인 급락이 아닌 쌍봉을 친 하락이었다면 상승한다고 해도 쌍봉 꼭지점을 돌파하기 전까지 일단 지켜보는 것이 중요하다. 일시적인 반등일 수 있기 때문이다.

두 번째 천장이 낮으면 하락할 확률이 높다

일반적으로 쌍봉 모양은 첫 번째 봉우리보다 두 번째 봉우리가 조금 낮은 것이 보통이지만 고점 위치가 서로 같거나 좌측 봉우리보다 우측 봉우리가 높은 경우도 있다. 이런 패턴들의 하락 확률은 다음 그림의 B 〉 A 〉 C 순이다.

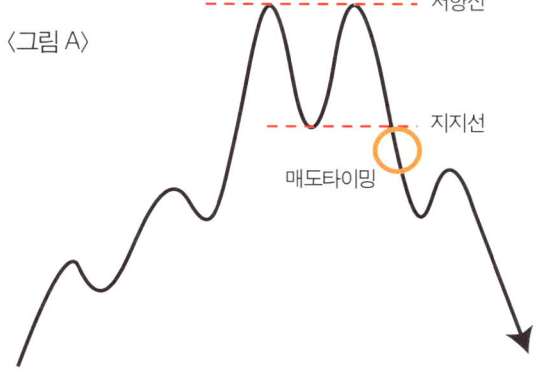

〈그림 A〉

저항선

지지선

매도타이밍

두 봉우리의 위치가 같은 전형적인 쌍봉의 형태이다. 하락을 쉽게 점칠 수 없다.

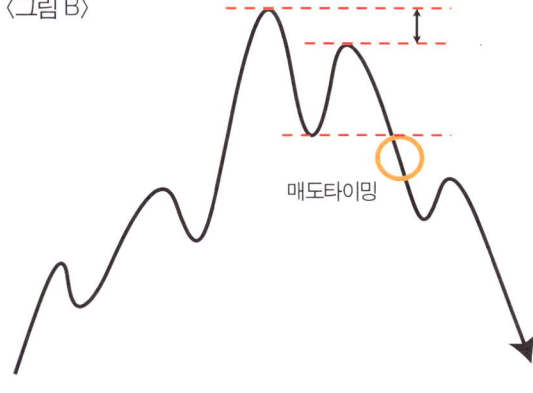

〈그림 B〉

매도타이밍

가장 확실한 하락을 점칠 수 있는 쌍봉이다. 첫 번째 봉우리와 두 번째 봉우리의 이격이 클수록 하락 확률이 높다.

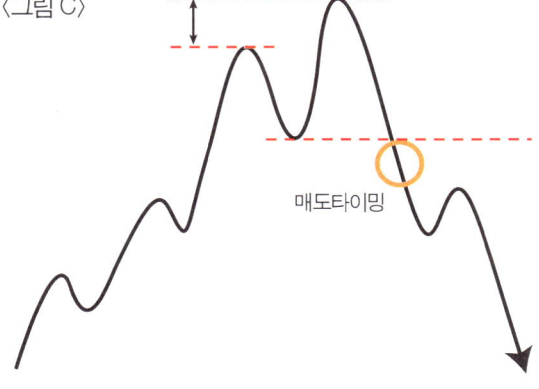

〈그림 C〉

매도타이밍

예외적인 경우로 첫 봉우리보다 두 번째 봉우리가 더 높다.

4. 삼중천장 매도법

이 패턴은 헤드앤숄더형 혹은 머리어깨형이라고 한다. 산봉우리 3개
모양으로 나타난다. 사케다 5법의 삼산이론과도 같은 원리다. 삼중바닥
형을 뒤집어 놓은 모양으로 주가 하락의 시작을 점칠 수 있다.

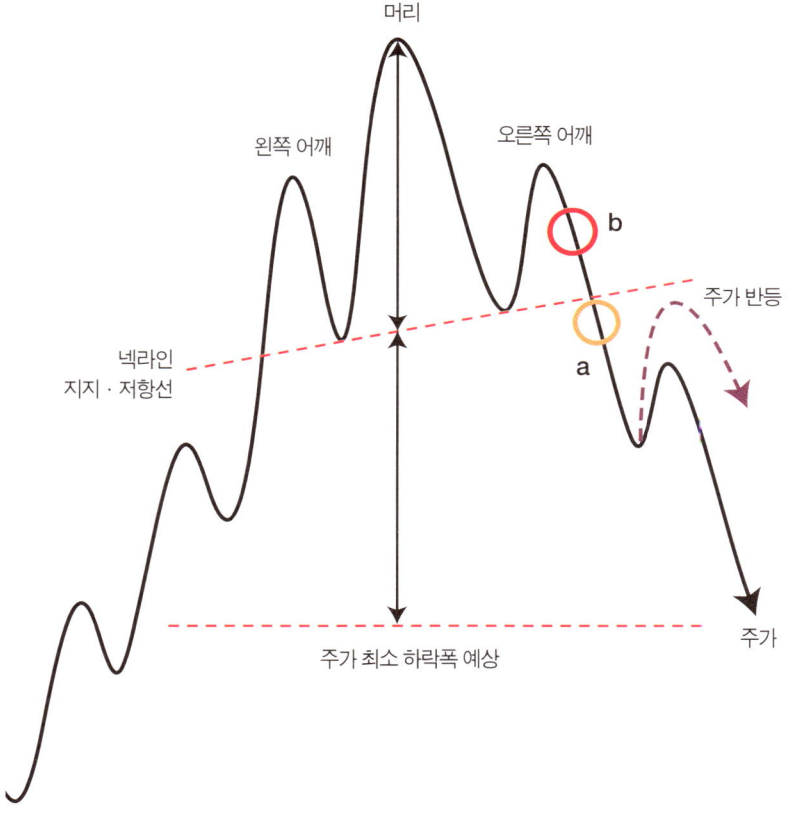

매도타이밍 잡는 법

정확한 매도타이밍은 주가가 오른쪽 어깨에서 넥라인을 뚫고 하락할 때다. 만약 이런 패턴을 알고 있다면 주가가 오른쪽 어깨를 만들고 하락을 시작할 때 우선 삼봉패턴이 완성되지 않나 긴장해야 한다. 패턴이 완

그림 8 에스넷 일봉차트

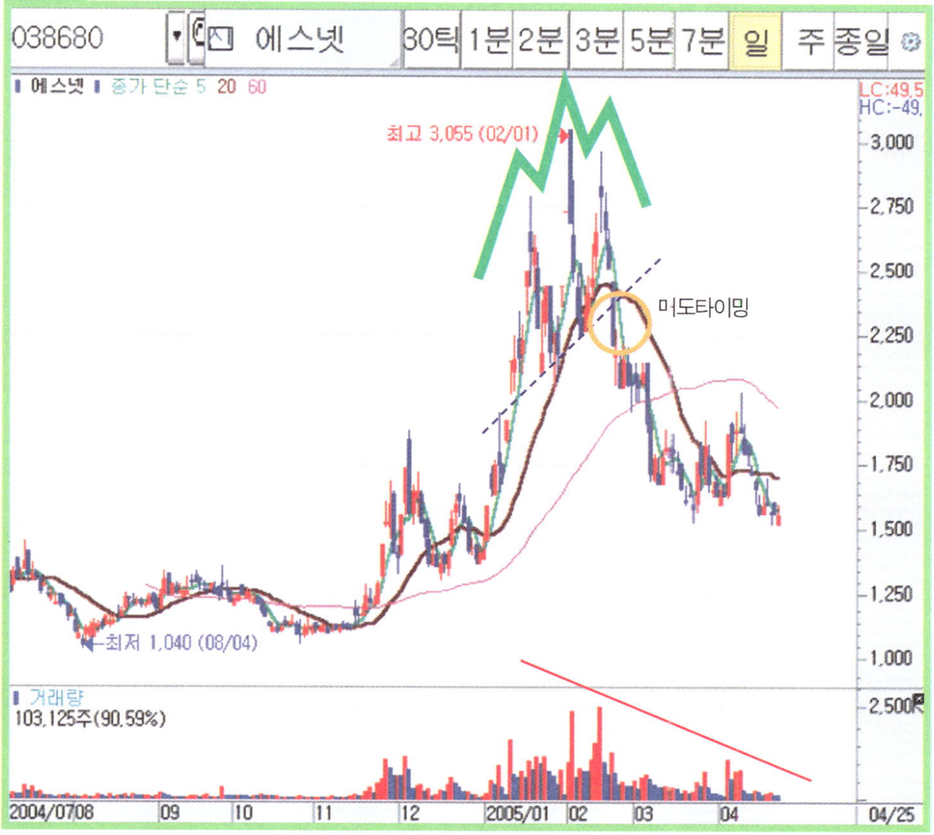

038680 ▼ 에스넷 30틱 1분 2분 3분 5분 7분 일 주 종일 ⚙

에스넷 종가 단순 5 20 60

최고 3,055 (02/01)

머도타이밍

최저 1,040 (08/04)

거래량
103,125주(90.59%)

2004/0708 09 10 11 12 2005/01 02 03 04 04/25

머리가 왼쪽 어깨보다 높은 흔히 많이 보는 헤드앤숄더 형이다.
저점을 높여가고 고점을 높여가는 모양이라 희망을 가질 수 있겠지만,
주가가 넥라인을 돌파해 내려간다면 미련을 버리고 즉시 매도할 수 있어야 한다.

성되면 한동안 주가가 하락할 것이고, 다시 상승추세로 돌아서기는 어렵기 때문이다.

특히 초보투자자라면 이런 쌍봉, 삼봉(헤드앤숄더형) 등의 과학적 기법으로 매도했다면 고가에 매도한 것으로 믿는 것이 좋다. 신이 아닌 이상 주가가 어디까지 상승할지 판단할 수 없는 것이기 때문에 쌍봉 패턴으로 매도하면 최고가격에 파는 것은 아니지만 그래도 후회 없는 가격은 될 수 있다.

초보딱지를 떼면 이론적인 매도타이밍을 떠나 고가에 매도할 방법을 찾아야 한다. 만약 삼산(삼중천장형, 헤드앤숄더형)패턴을 익혔다면 이미 주가가 왼쪽 어깨와 머리를 만들고 오른쪽 어깨를 갖춰갈 때쯤이면 매도타이밍을 잡을 수 있을 것이다.

다음 그림들은 고점을 낮춰가며 만들어진 삼중천장형(삼봉, 헤드앤숄더형)이다. 매도타이밍은 넥라인을 돌파한 시점이 되겠지만 저점을 낮춰가는 것을 보고 하락 조짐을 미리 감지할 수 있어야 한다.

쌍봉형과 달리 삼중천장형에서는 세 번을 오르내리며 에너지를 다 소진해 반등의 힘도 약한데다가 지지선 돌파라는 기대감 상실로 주가 하락이 생각보다 큰 경우가 많다.

그리고 왼쪽 어깨에서 오른쪽 어깨로 갈수록 거래량이 급속도로 줄게 된다. 이때 주가가 고점인 상태에서 거래량이 줄어든다는 것은 매도량은 많은 데 매수량이 없다는 것이기 때문에 하락은 필연적일 수밖에 없다. 다음 차트들 역시 급하게 상승하여 주가가 넥라인 또는 지지선을 돌파할 때 반드시 매도했어야 했던 차트 모양이다.

그림 9   장미디어 일봉차트

그림 10　로토토 일봉차트

넥라인을 돌파한 후 긴 음봉이 추가하락을 예고하고 있다.
적시에 매도하지 못한다면 50%의 추가하락이 기다리고 있다.

　　〈그림 10〉의 로토토 일봉차트는 보기 흔한 헤드엔숄더형(머리어깨머
리순) 패턴이다. 추세선 돌파 후에도 약 60% 급락했다. 이 경우 긴 기간 동
안 움직임이 크기 때문에 이러한 패턴을 숙지한 투자자들은 미리 주식을
매도했을 것이다. 이럴 때 알고 모르는 차이가 금전의 손실로 이어진다.

그림 11　서울일렉트론 일봉차트

서울일렉트 30틱 1분 2분 3분 5분 7분 일 주 종일

최고 2,980 (0/29)

넥라인
A

1분 2분 3분 5분 7분 일 주 종일

980 (0/29)

넥라인

넥라인 A

최저 355 (05/04)

매도타이밍

거래량
4,426,936주(59.40%)

위 차트는 상승삼각형 패턴으로도 오인할 수 있지만 오른쪽 어깨에 장대음봉이 생기거나 작은 음봉 몇 개라도 이어간다면 머리어깨형(헤드엔숄더형)의 신호로 받아들여야 한다. 이때 A와 같이 무리하게 넥라인을 그려서는 안 된다. 매도타이밍은 넥라인 돌파시나 돌파 후 반등할 때다.

4

비싸게 사서
비싸게 파는 법

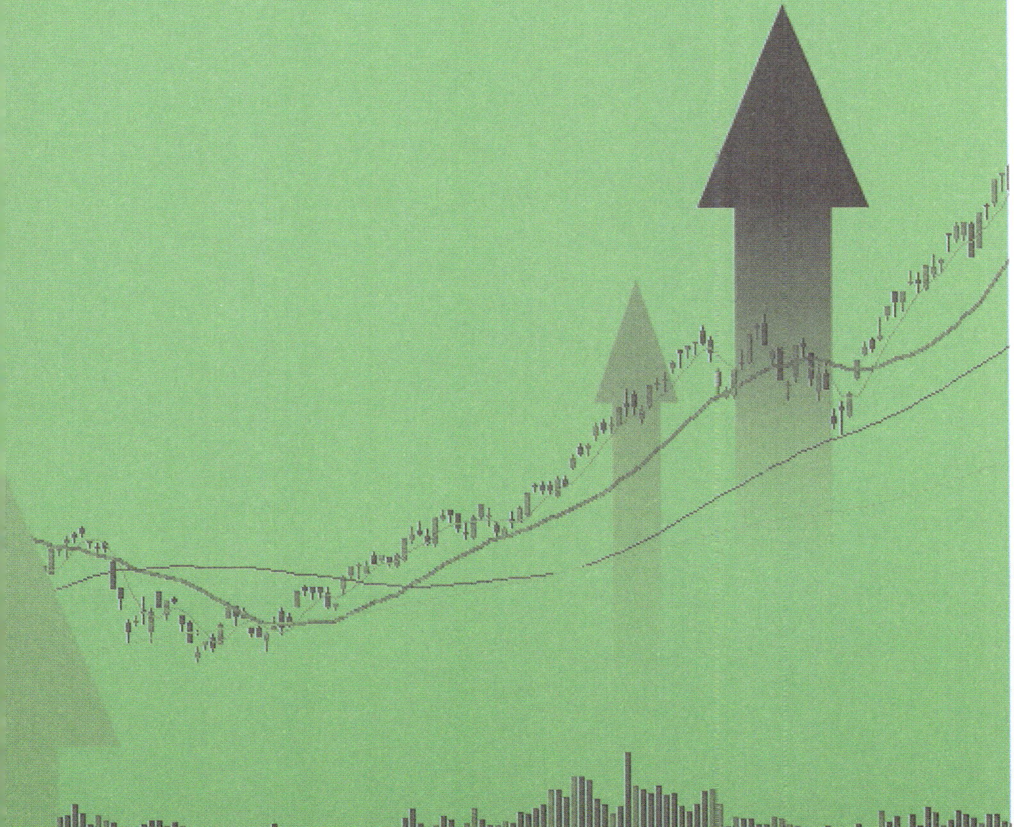

지지·저항이란

　주가는 시장에 참여하는 투자자들의 심리에 의해서 항시 움직이고 있는데 심리를 움직이는 여러 요인들 중 가장 중요한 것이 지지·저항이다. 지지란, 어떤 가격대에 주가가 도달하면 더 이상 떨어지지 않고 주가를 지지해주는 지점이다. 그리고 저항이란, 주가가 상승하다 어느 가격대에 이르면 매물이 증가하여 더 이상 즈가가 상승하지 못하는 것을 말한다.

　지지·저항을 알 수 있는 방법은 여러 가지가 있지만 가장 중요한 몇 가지 방법만 알아두면 주식에 경험이 없는 사람들도 주가 움직임을 쉽게 예측할 수 있을 것이다.

실전에서 바로 수익내는 법

1. 꼭지점 지지 · 저항을 활용하는 방법

주가가 규칙적으로 지지되고 저항받는 것은 우연이 아니다

일봉차트, 주봉차트 혹은 분차트에서도 주가의 꼭지점은 매우 중요한 지지 · 저항대가 된다. 일봉차트에서 주가의 움직임을 자세히 살펴보면 이상하게도 주가의 상승과 하락에는 일정한 규칙이 있음을 알게 된다. 주가가 이전에 가장 낮았던 지점에 온다든가, 가장 높았던 지점에 도달하면 어김없이 상승하거나 하락하게 된다. 이것은 주가의 지지 · 저항 때문이다.

매매할 때 예상되는 지지 · 저항점은 대개가 주가의 꼭지점이 되며, 꼭지점을 서로 이은 선은 지지 · 저항선이 된다. 지지 · 저항은 주변 증시상황에 따라 추가상승하거나 추가하락할 수 있으므로 1차, 2차, 3차 등으로

113

〈지지와 저항의 구별〉

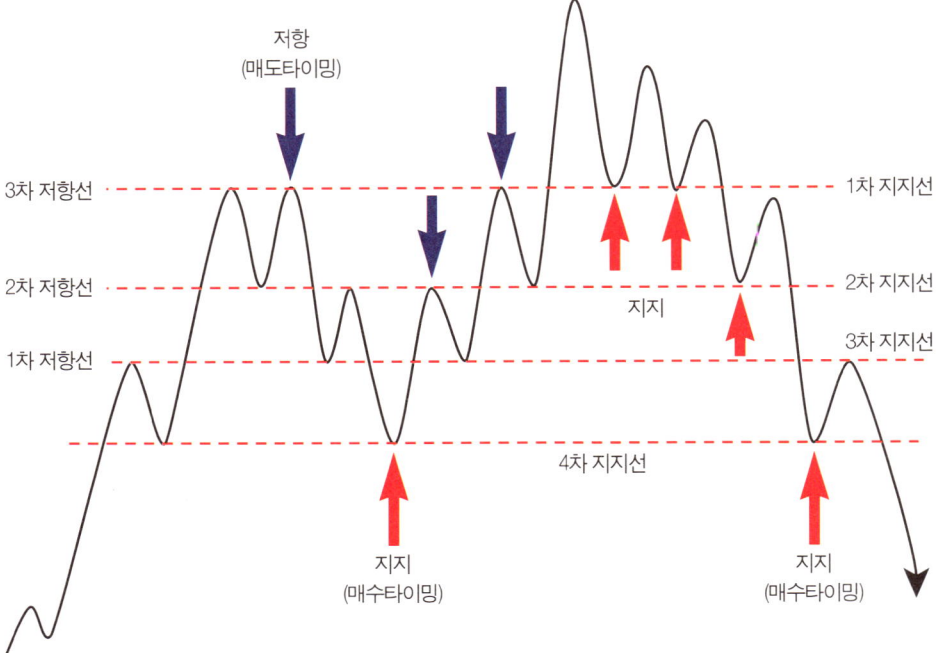

지지 · 저항선을 설정한 후 상황에 따라 매매시점을 찾아야 한다.

　고가나 저가의 주식이라도 주가가 규칙적으로 움직임을 알 수 있다. 그 이유는 주가가 지지되고, 저항받는 가격대가 있기 때문이다. 지지 · 저항이 작용하는 요인은 여러 가지가 있겠지만 심리적인 지지와 거래량, 이동평균선, 최고 · 최저 주가 등이 작용하여 형성된다. 지지 · 저항은 일반적으로 소형주보다 대형주에서 확실히 나타난다.

그림 1 SK 일봉차트에 나타난 지지와 저항

003600 ▼ 🔍신 SK 30틱 1분 2분 3분 5분 7분 **일** 주 중일 ⚙

▌SK ▌종가 단순 5 20 60

LC:29,5
HC:-22,

최고 70,000 (12/02)

매도

저항

지지 · 저항선

지지 · 저항선

매수

지지

지지

최저 42,150 (07/05)

▌거래량
735,255주(99.22%)

2004   2005   08/12

주가가 하락하는 것은 결코 우연이 아니며 넘지 못할 벽이 존재하기 때문이다. 따라서 주가가 그 벽을 넘을 만한 충분히 힘이 생성되기까지 추가하락은 계속된다.

115

지지·저항으로 매매타이밍 잡는 법

1. 지지·저항점은 주가의 꼭지점 갯수가 많을수록 확실한 것으로 볼 수 있다. 주가를 예측하기 위해서는 우선 주가의 꼭지점을 찾되 가능한 한 지지·저항의 갯수가 많은 가격대를 예상 반등 지지점으로 택하면 크게 실패하는 일은 없다.

2. 지지와 저항은 저점 바닥주가에서(A), 저항은 고점 꼭지점 주가에서(E) 들어맞을 확률이 높다. 따라서 주가는 대개 이들 꼭지점 저항을 만나 반대 광향으로 움직이게 된다.

3. 정확도를 높이기 위해 거래량, 지지·저항, 추세지지, 추세저항 등을 포함하여 분석한다면 보다 정확도를 높일 수 있다.

4. 지지점에서의 단기매수는 주가가 급락할수록 반등폭이 크다.

5. 반등시 위쪽으로 저항점들이 형성되면 주가의 상승탄력이 예상 외로 작을 수 있다. 따라서 이 점을 고려해 매수하고 매도타이밍도 잡아야 한다.

6. 실전에서 주가가 아주 강하게 상승한 후 하락할 때 반등지점은 이전 꼭지점 부근이나 그 이전이다. 하지만 일반적으로 꼭지점보다는 조금 더 들어간 곳에서 반등을 예상하는 것이 정확하다.

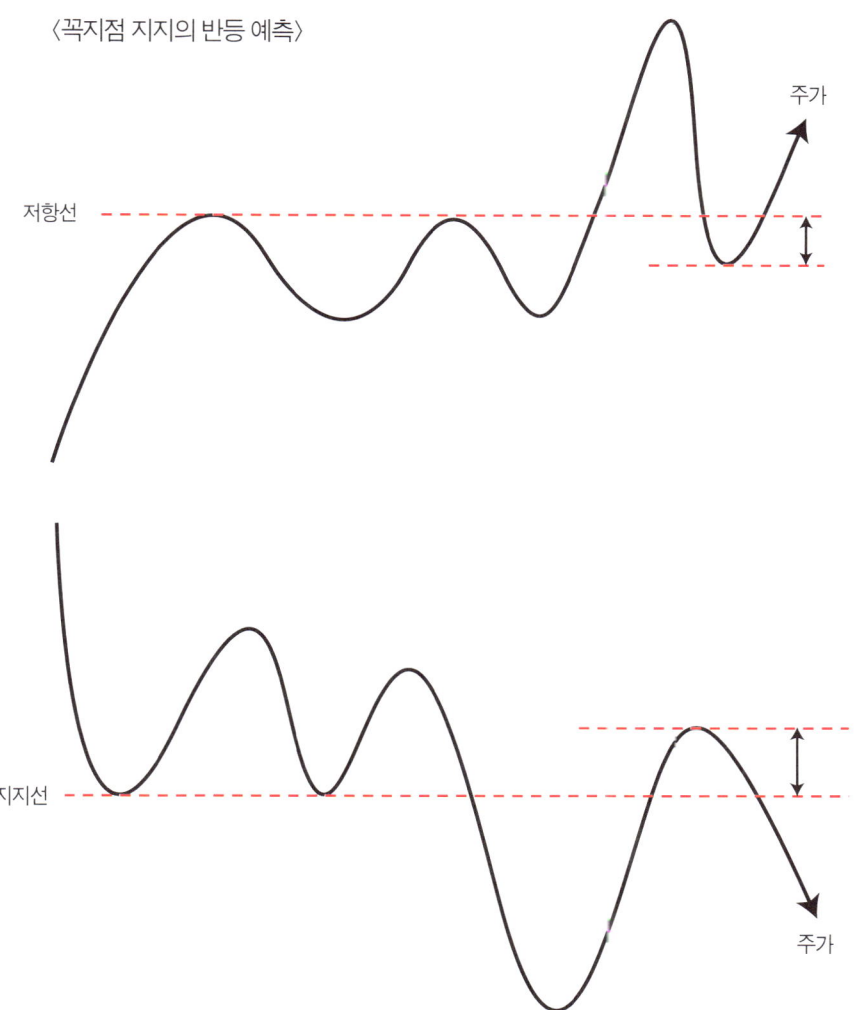

〈꼭지점 지지의 반등 예측〉

저항선

주가

지지선

주가

삼성물산 일봉차트 지지저항 파악

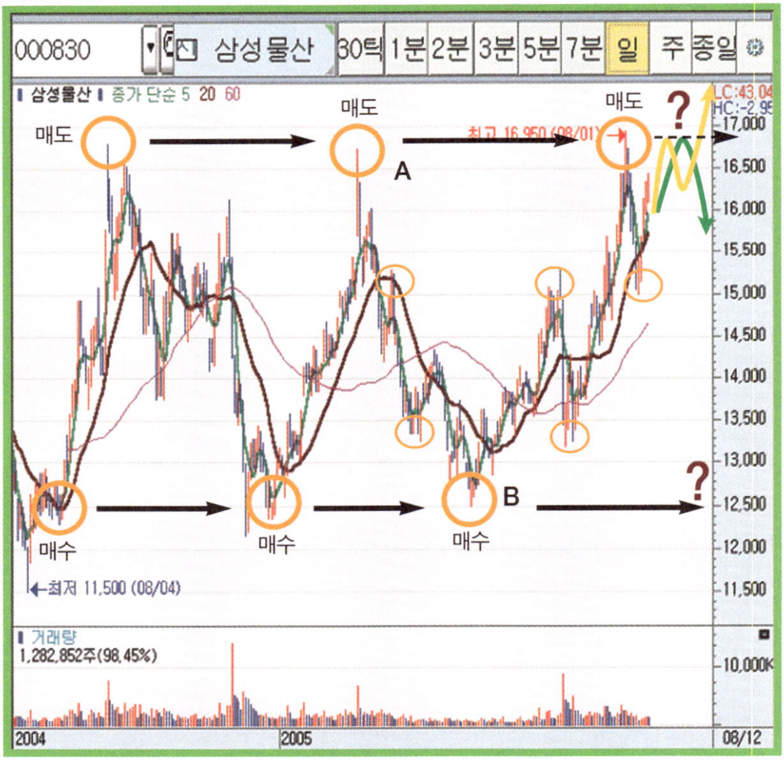

주가는 믿기지 않을 정도로 규칙적으로 반등하고 저항을 받는다.
지지 · 저항에 작용한 요소들을 분석하면 정확한 매매타이밍을 잡을 수 있다

2. 거래량으로 지지 · 저항을 찾는 법

거래가 많은 가격대가 주가의 꼭지점이다

거래량은 주가의 바로미터라 할 수 있듯이 거래량의 변화는 반드시 주가를 움직인다. 주가를 예측하려면 이전으로 거슬러 올라가 거래가 많았던 지점의 거래량을 산출해야 한다. 거래가 많이 된 지점은 매매자들의 첨예한 매매심리가 작용한다. 예를 들면 거래가 많이 된 가격대에서 주식을 매수한 사람은 주가가 올랐다가 매수한 원점으로 돌아오게 되면 절대 손해보고 팔 수 없다는 심리 때문에 물량을 내놓지 않는다 반면 주가가 올라 그 가격대에 미처 사지 못한 사람들은 매수에 적극성을 보이기 때문에 주가는 반등하게 된다. 이런 원리 때문에 거래가 많이 이루어진 가격대에서는 강력한 지지 · 저항대가 형성되며 중요한 매매타이밍이 된다. 이러한 가격대 파악은 매물대차트로 가격별 거래량을 쉽게 알아볼 수 있다.

거래가 많은 가격대를 찾아내어 거래량을 합산하고 비중을 알아내는 것은 매우 어려운 일이다. 그렇지만 요즘은 증권사 거래프로그램에 매물대차트가 있어 가격대별 거래량을 집계하여 막대그래프로 볼 수 있다. 이 막대그래프를 보통 매물대차트 또는 매물띠라고 한다.

우선 증권사 거래프로그램을 열어보자. 매물대차트에는 조회기간을 설정하면 그 기간에 거래된 거래량이 막대그래프로 나타나 쉽게 판단할 수 있게 도와준다. 만약 어느 가격대에 매물띠가 길다면 그 점에 거래량이 많아 강력한 지지 · 저항대를 형성한다고 판단할 수 있다.

매물띠 설정방법과 사용법

1. 매물대차트 조회기간은 단기는 약 6개월 정도를 설정해보고 차츰 기간을 늘려가면 된다. 주어진 기간에 따라 매물띠들이 다르게 나타날 것이다. 필자의 경험에 의하면 매물대 조회기간을 늘려가며 조정해도 띠의 위치가 변하지 않고 띠의 길이가 긴 것을 찾아내는 것이 가장 중요하다. 어느 가격대가 거래량이 많은지(띠의 길이), 띠의 위치나 크기가 변하는지는 초보투자자라도 쉽게 알 수 있을 것이다.

2. 매물띠의 갯수는 임의로 조정이 가능하며 보통 15개 정도가 적당하다. 적은 것보다는 많을수록 좋지만 너무 많으면 분산되어 가격별 거래량을 파악하기가 곤란하다.

3. 컴퓨터 화면에 매물띠의 색상을 부드럽고 연한 색상을 주어 일봉차트 등과 결합하면 주가의 흐름을 한눈에 볼 수 있다(일봉차트 위에 겹쳐짐). 만약 색상이 너무 진하면 눈이 쉽게 피로할 수 있으며, 전체적인 흐름을 파악하기 힘들다. 참고로 필자는 옅은 회색을 쓰고 있다.

4. 매물띠는 길수록, 긴 띠가 여러 개 붙어 있고 두터울수록, 그리고 이런 매물띠들이 든든히 아래에서 버텨줄수록 해당 가격대가 강력한 지지 · 저항점이 된다.

5. 매물대차트는 일봉차트뿐만 아니라 주봉차트, 분차트에서도 지지 · 저항을 판단하는데 유용하다. 또한 적중률이 높고 합리적이므로 초보투자자들이 적극 활용할 것을 권한다.

6. 매물띠를 이용한 주가 예측은 소형주보다는 대형주에 가까울수록, 거래량이 많을수록 적중률이 높다.

7. 주가가 하락할 때 매물띠를 확인해 매수 가능 가격대를 미리 파악해 두어야 한다. 시간이 지나면 거래량이 추가되어 매물띠가 변하기 때문이다.

매물띠의 지지 · 저항을 파악하면 주가의 움직임을 예측할 수 있다

미래의 주가를 미리 예측하는 것은 그 주식을 가지고 계신 분들께는 죄송스런 일이다. 하지만 초보투자자들이 여러 측면에서 주가를 분석할 수 있는 방법들 알아보고자 함이니 이해하길 바란다.

〈그림 2〉의 오리엔트 일봉차트를 보면 현재는 B지점 부근에 매물띠들이 많고 두터워 주가가 하락하지 않고 횡보하는 것으로 파악되지만 만일 주가가 하락한다면 긴 매물띠 2개가 겹쳐져 있는 C지점에서 반등할 것을 예측할 수 있다.

반대로 주가가 A지점을 뚫고 상승한다면 A지점은 꼭지점 지지 및 매물띠 지지와 함께 강력한 지지대가 될 것이다(자세히 다룰 예정이지만 고점 돌파시 따라붙는 돌파매매의 기본 원리가 됨). 앞서 말했듯이 매물띠가 길고 두터우면 거래가 많이 된 곳이기 때문에 이곳에 투자자의 심리가 적용되어 지지 · 저항대가 된다.

오리엔트의 주가가 고점을 돌파하고 곧 하락했지만 현 상황에서 주가가 상승한다면 상승삼각형이나 상승쐐기형 패턴을 만들어갈 가능성도 있다. 이때는 매물띠가 그리 두텁지도 길지도 않은 A지점의 매물띠들을 돌파하면 된다. 일단 고점에 매물이 많지 않기 때문에 시장만 우호적이라면 주가를 긍정적으로 바라볼 수도 있다. 하지만 이때도 고점돌파시 매수타이밍을 가져야 안전성을 확보할 수 있다.

그림 2   오리엔트 일봉차트 및 매물대차트

| 002630 | ▼🔍겸 | 오리엔트 | 30틱 | 1분 | 2분 | 3분 | 5분 | 7분 | 일 | 주 | 종 | 일 | ⚙ |

■ 오리엔트 매물대 수(15) ■ 종가 단순 5 20 60

LC:287
HC:-23

고점저항선 --------- 최고 7,600 (08/04)➡   고점

A

B

C

최저 1,490 (01/28)

?

7,500
7,000
6,500
6,000
5,500
5,000
4,500
4,000
3,500
3,000
2,500
2,000
1,500
1,000

■ 거래량
7,206,960주(189.39%)

20,000

10,000

2005/01 |03 |04 |05 |06 |07 |08   08/12

매물띠가 길고 두터운 가격대에서 주가는 지지되고 저항을 받게 된다.
매물띠 모양을 보면 초보투자자라도 쉽게 매매타이밍을 잡을 수 있다.

〈상승삼각형 패턴〉

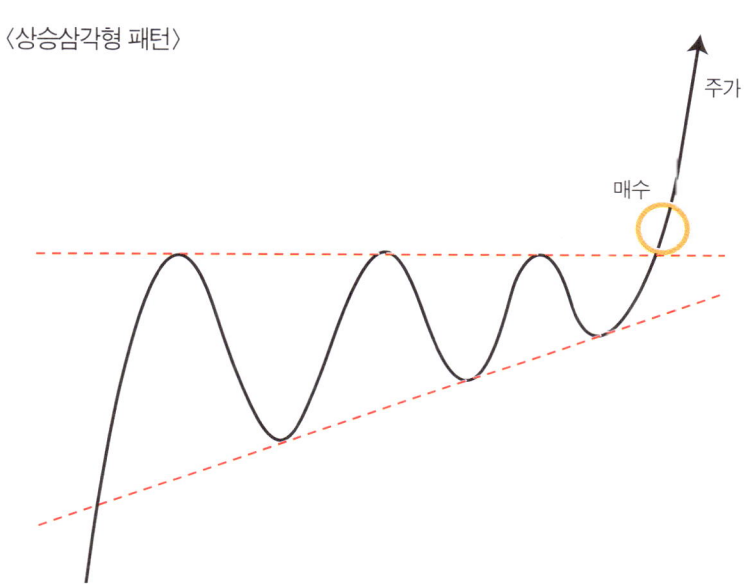

매수

주가

〈상승쐐기형 패턴〉

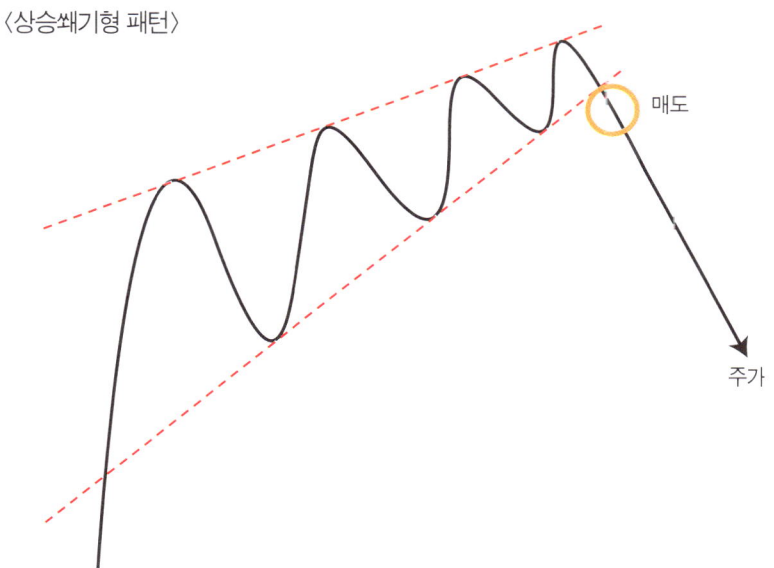

매도

주가

매물띠를 활용하는 실전 사례

다음은 매물대차트에 대한 이해를 돕고자 필자가 실전에서 실패했던 상황과 성공했던 상황을 기술한 것이다.

그림 3   동국제강 일봉차트 및 매물대차트

현재 동부제강의 주식이 상승세를 이어가고 있지만 주가가 하락하기 시작하면 지지대가 어디에 형성될 것인지를 판단하기 위해 동부제강의 지난 6~7개월간의 매물대차트를 분석한다.

그림 4 동국제강 일봉차트 및 매물띠차트

2분 3분 5분 7분 일 주 종일 ⚙

5,500 (02/28)→

A

B

저가 18,800원
종가 19,000원

LC:102,3
HC:-20,9

-24,000

-22,000

-20,000

-18,000

-16,000

6개월간의 매물띠만으로도 단기간의 지지·저항대를 쉽게 알아볼 수 있다. 그렇지만 더욱 확실하게 파악하기 위해서는 12개월, 18개월 등 기간을 변경해도 비슷한 매물띠가 유지되는지 확인한다.

확인 결과 매물띠의 형태는 큰 변화없이 단기간의 매물띠로 신뢰할 만했다. 여기서의 포인트는 기간과 상관없이 아주 강력한(긴) 매물띠를 찾는 것이다. 왜냐하면 매물띠의 해당 가격이 강력한 지지·저항대가 되기 때문이다.

주가가 급상승한 후 세계 철강주의 3월 초 폭락 소식에 큰 폭으로 하락하며 조정을 거치고 있다. 주변 시장도 호의적이고 종목 자체의 특별한 악재도 없다. 3월 초부터 장밋빛 뉴스들이 이어지는데도 주가는 크게 하락하고 있다. 여기서 투자자들이 꼭 알아두어야 할 점은 주가가 고점에서

그림 5   동국제강 일봉차트

| 동국제강 | 30틱 | 1분 | 2분 | 3분 | 5분 | 7분 | 일 | 주 | 종일 | ⚙ |

20 60

LC:64,2
HC:-23,

0 (02/28)

반등 2

반등 1

C

D

40% 상승

e

f

g

25,000
24,000
23,000
22,000
21,000
20,000
19,000
18,000
17,000
16,000
15,000
14,000
13,000
12,000

2,000K
1,000K

05/01 02 03 04 05 06 07 08 08/12

주가가 큰 폭으로 하락한 후 e, f지점에서 머문 이유는 C와 D의 매물띠가 강력한 지지를 해주고 있기 때문이다.

126

장밋빛 뉴스로 손짓할 때가 가장 위험하다는 것이다(이 종목에 대한 뉴스를 검색해보면 좋은 교훈을 얻게 될 것임).

분석 결과 정점이 되지도 않았는데 외국인투자자들이 2월 23일(정점 1주일 전)부터 매도를 시작했다는 것이 안 좋은 징조로 작용하고 있다. 이미 오랫동안 주가가 상승추세를 계속 이어가고 있고, 외국인투자자들도 급락을 원치 않을 상황이므로 주가의 지지점으로 보이는 A, B지점에서 재상승할 것으로 예상하고 매수타이밍을 잡는다.

우선 강력한 매물띠를 찾아보니 A와 B가 눈에 들어온다. 큰 이변이 없다면 A지점에서, 늦어도 B지점에서는 일시적으로 반등할 것을 예상할 수 있다.

예상대로 A지점 부근에서 최저가 18,800원, 종가 19,000원을 찍고 전고점 대비 약 25%가 하락한 후 반등하려는 조짐을 보이고 있다. 일단 매수해 보지만 '상승할 조건이 되어도 시장을 이길 수는 없다' 는 고훈을 다시 한 번 새겨본다.

'울고 싶은데 뺨 맞는 격' 으로 철강 재고가 쌓였다는 소식과 종합주가지수의 급락은 반등할 여유도 주지 않고 주가가 동반 급락해 A, B지점의 매물띠를 단번에 통과하려 한다. B지점을 벗어나면 받쳐주는 매물띠가 없기 때문에 실망매물로 또 한 차례 폭락할 가능성이 높다. 눈물을 머금고 손절매한다.

손절매는 만회하기 위한 현금 확보에 의미가 있다. 재매수를 위해 다음 지지될 곳을 찾아본다. C지점보다는 D지점의 매물띠가 적합하며 시작가는 13,600원 정도로 파악된다. 만약 주가가 D지점까지 떨어진다면 단기간에 거의 50% 하락한 것이 된다. 이런 급락장세라면 자연적인 반등도 기대할 수 있기 때문에 확실한 매물대를 파악한 후 복수전을 계획해보아도 좋다.

매물띠의 상태로 보아 주가는 두텁고 긴 D지점에서 지지가 될 듯하다. 매수타이밍은 D지점 근처에서 주가가 반등할 때 매수하거나 반등한 후 눌림을 받을 때가 적당하다. 확신이 있다면 분할 매수를 하는 것도 좋은 방법이다. 4월 27일 주가는 13,700원을 찍고 그 이하로는 떨어지지 않았다. 정석대로 두 번째 우측 바닥의 주가가 반등하는 e, g지점에서 매수하여 손실을 만회했다.

이전 차트에서 A, B지점의 매물띠가 상당히 길고 두터웠으므로 이때 매도타이밍은 그 가격대 부근에서 저항을 많이 받을 것을 예측하고 매도 타이밍을 잡으면 된다.

그림은 워낙 낙폭이 커서 반등폭이 작아 보이지만 첫 번째 반등은 약 10% 정도이며, 두 번째는 쌍바닥 우측 e지점의 반등(크게 보면 삼중바닥의 머리)으로 20% 정도였다. 그림은 쌍바닥의 원리나 저점을 높여가는 삼중바닥, 그리고 꼭지점 지지와 반등 등의 모든 기법들이 적용되는 상황이다. 따라서 초보투자자라도 몇 개월간 눈 감고 있을 수 있다면 2~3개월의 단기투자로도 40~50%(낙폭의 1/2 정도)의 수익을 올릴 수 있을 상황이다. 시장만 우호적이라면 중·장기투자를 하더라드 큰 상승을 기대할 수 있다. 손절매한 것인지 차익실현한 것인지 알 수 없지만 외국인투자자들은 2월 말부터 주식을 팔기 시작해 주가가 거의 바닥이 될 때까지 팔았다. 이런 종목은 하락의 시작이 외국인투자자들에 의해 시작되었듯이 상승 역시 외국인투자자들에 의해 좌우될 것이므로 그들의 매매동향을 주시해야 한다.

이 차트에서 확신을 주는 매수포인트의 순서는 g 〉 e 〉 f가 되겠다. f지점의 경우 앞에 쌍바닥 저점이 2개나 있으므로 지지가 확실하다고 할 수 있지만 낙폭이 워낙 컸기 때문에 매수에 확신이 서질 않는다. 차라리 이럴 때는 수익을 조금 내더라도 f지점을 지켜보다가 주가가 그 가격대를 벗어날 때 매수하든가 아니면 g지점(눌림)에서 안전하게 매수를 하는 것이 현명하다.

이상이 현역 트레이더인 필자의 경험과 생각을 간략하게나마 적어본 것이다. 보다시피 주식매매하는 데 특별한 것은 없다. 어떤 고수라도 이 책에서 벗어난 기법을 활용하지는 않을 것이다. 진리는 늘 가까운데 있듯이 주식투자에 원칙을 정하고 이 책에서 설명하는 몇 가지 지식들을 무기 삼아 실전에 임하다보면 자연스럽게 매매노하우를 터득할 수 있을 것이다. 그러기 위해서는 꾸준한 학습이 필요하며, 몇 가지 기법들을 이곳에서 충분히 익혀야 한다.

3. 돌파매수법으로 고가에 사서 고가에 파는 법

돌파매수법이란?

돌파매수란, 주가가 저항대를 돌파할 때 매수하는 방법을 말한다. 저항대는 여러 가지 방법으로 알 수 있지만 돌파매수에서 지표로 삼는 것은 고점가격이다. 현재까지 돌파매수법은 어느 책에도 나오지 않기 때문에 생소하게 느낄 것이다. 이 방법은 필자가 오랜 기간 개발하고 연구하여 고안해낸 것으로 말 그대로 돌파할 때 매수하는 기법이다.

주식투자할 때는 복잡한 기법들을 모두 알기보다는 핵심이 되는 것 몇 가지를 알아두고 활용하면 된다. 고수들도 복잡한 것보다는 확률 높은 몇 가지 기법만을 활용하여 매매에 임한다. 초보투자자들 중에는 과연 고수들은 어떤 방법을 구사할까 궁금할 것이다.

돌파매수법은 고수들이 많이 쓰는 숨겨진 기법 중의 하나이다. 그렇기 때문에 어느 책에서도 언급되지 않았으며, 항간에 잘 알려지지 않았다. 어떤 소수의 사람들은 기법들이 공개되는 것을 싫어하겠지만, 필자는 모든 기법과 정보는 공개되고 공유해야 한다고 생각한다. 같은 무기를 가지고 같은 전쟁터에서 싸워야 공정한 것이 아닐까? 그러나 같은 무기를 써도 승자는 있기 마련이다. 따라서 이 방법을 누구든지 깊이 연구해보면 아마 무릎을 치며 주식을 새로운 각도에서 쳐다보는 계기가 될 것이다.

이전 고점을 돌파한 후가 돌파매수법의 매수타이밍

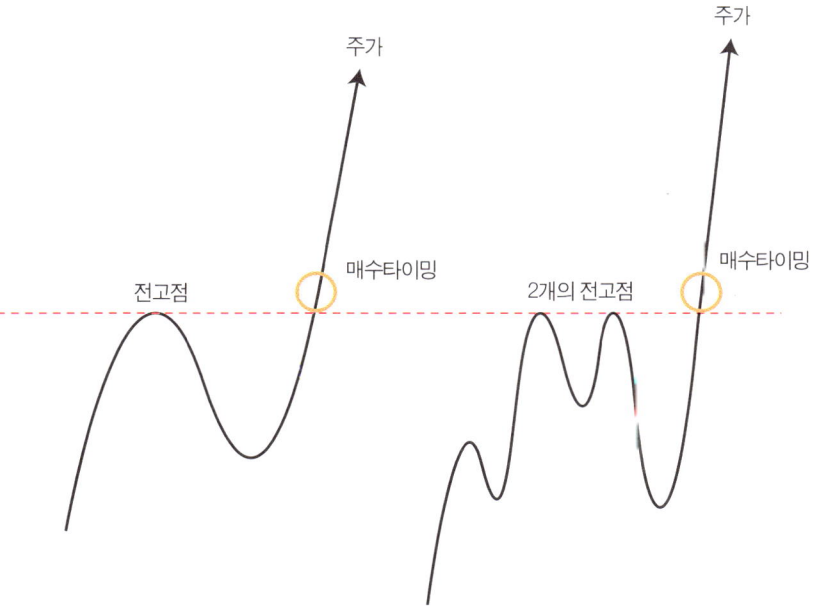

돌파매수법은 주가가 상승하여 일봉차트나 주봉차트에 고점을 만든 후 다시 그 고점을 넘어설 때 매수하는 방법이다. 주로 일봉차트에 적용시키면 합리적으로 활용할 수 있다. 이때 매수타이밍은 이전 그점돌파 전이 아니라 이전 고점돌파할 때나 돌파한 직후다.

〈그림 6〉의 영진약품 일봉차트를 보면 주가가 고점을 돌파하며 아래

꼬리가 짧은 장대양봉을 보이고 있다. 당일 일봉차트에서 주가가 고점을 돌파했는지 확인한 후, 분차트에서 최종 매수타이밍을 잡아야 한다. 만약 장 중 매수에 자신없다면 종가 매수하는 것도 좋다.

그림 6   영진약품 일봉차트

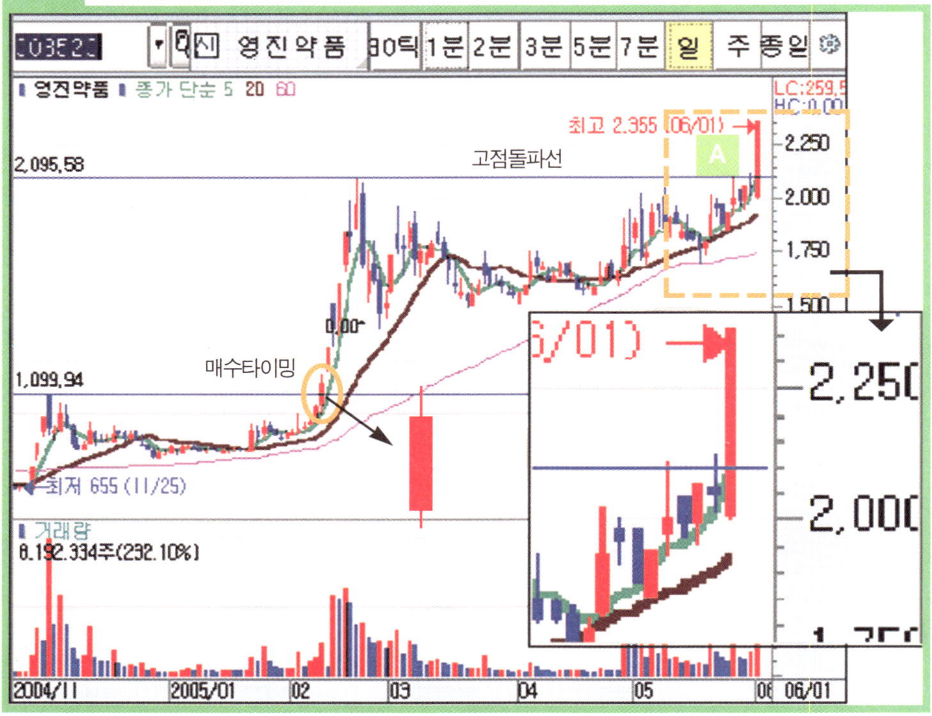

돌파매수법은 주가가 이전 고점을 돌파하면 한동안 상승하는 주식의 생리를 이용한 것이다. 돌파한 고점은 강력한 지지대 역할을 하므로 고가에 매수함이 대부분이지만 생각 외로 안전한 매수법 중 하나다.

가장 이상적인 돌파매수 당일의 주가 형태

돌파매수에서 매수타이밍은 주가가 이전 고점을 돌파한 당일이나 돌파한 다음 날 또는 돌파 후 눌림을 받을 때 등 4가지 정도로 볼 수 있으며, 나름대로 장단점이 있다.

〈돌파매수법 매수타이밍 4가지〉

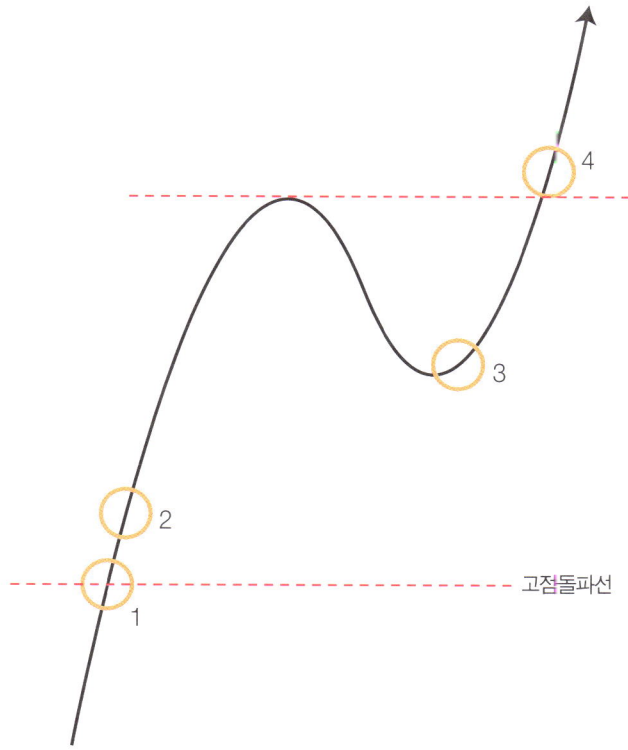

1. 가장 이상적인 돌파매수

주가가 이전 고점을 돌파한 당일 봉의 모양과 종가의 위치 등에 따라 주가 상승이 판가름나므로 돌파 강도와 세기를 파악하여 매수하는 것이 중요하다. 따라서 가장 이상적인 매수지점은 1, 2지점이다. 만약 자신 없으면 고가매수가 될지는 모르나 장이 마감할 때 동시호가에 매수하는 것도 안전하다.

돌파 당일 강도가 세고 제대로 된 돌파매수를 했다면 아마 2~3일 정도는 양봉이 길게 나오면서 주가 상승이 폭발적으로 이루어지거나 계속 상승하는 경우가 흔하다. 그러나 매수한 다음날 일봉차트에 양봉이 나오지 않고 음봉이 나오거나 주가

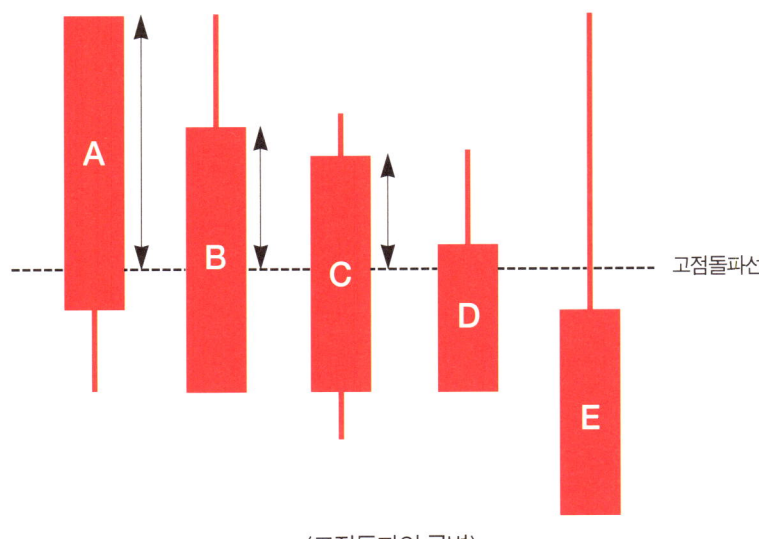

〈고점돌파의 구별〉

가 하락하는 경우도 있다. 이 경우 돌파 당시 돌파 강도가 약했기 때문에 나타나는 결과이다. 하지만 주가가 고점돌파선 이하로 하락하지 않는 한(종가 기준) 시간을 두고 상승하는 것이 보통이다.

2. 돌파 당일에 나타나는 이상적인 양봉

양봉의 종류는 많지만 아래 꼬리가 없거나 돌파선 위쪽에서 높게 끝나는 장대양봉이 가장 이상적이다. 양봉은 꼬리의 유무보다 고점돌파선을 얼마나 넘어섰는가가 중요하다. 즉 주가가 돌파 당일 돌파선 위에서 장을 마감했으며 매수세가 얼마나 강했느냐는 것이다(적색으로 표시되는 양봉은 주가가 오르는 상태에서 장을 마감했음을 의미하며, 위쪽 끝이 당일 종가를 의미함).

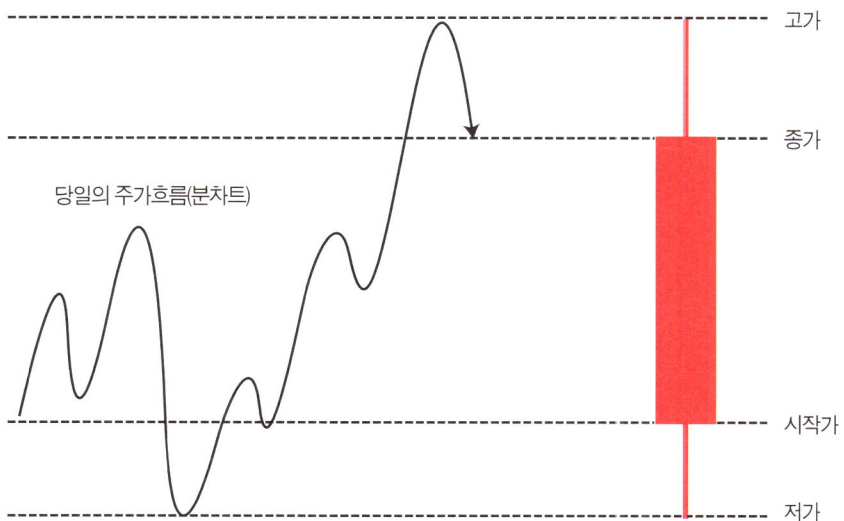

당일의 주가흐름(분차트)

고가

종가

시작가

저가

3. 이상적인 고점돌파 순위

고점돌파선 위에 당일 종가가 형성되면 확실한 돌파로 볼 수 있다. 그림에서는 그림은 A 〉 B 〉 C 〉 D의 순서로 평가할 수 있다. 단 E는 일시적으로 고점을 돌파했으나 당일 종가는 고점돌파선 아래에 형성된 것이므로 고점을 돌파한 것이라고 할 수 없다. 참고로 고점돌파선 위에 음봉이 걸쳐 형성된 경우도 돌파된 것이 아니다.

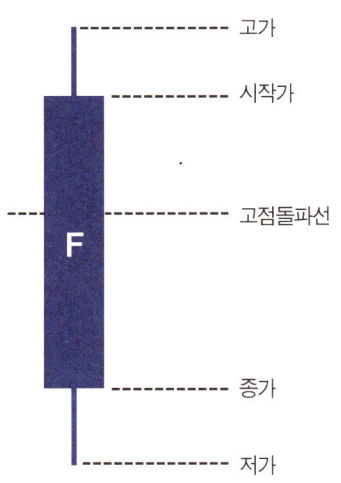

그림의 음봉을 해석해보면 시작은 돌파선 위(시작가)에서 시작했으나 주가가 돌파선 아래인 저가까지 내려갔다가 종가에서 장을 마쳤다. 결국 당일 종가가 고점돌파선 아래에 있으며 고점을 돌파하지 못한 것이다. E, F가 발생하면 다음 날 상승보다는 고점을 돌파하지 못했다는 실망감 때문에 주가가 하락할 가능성이 높다.

주가가 고점돌파하면 상승하는 이유

〈그림 7〉의 영진약품 일봉차트를 보면 주가가 2,000원에서 고점을 돌파하여 270%나 상승하였다. A지점이 아니라도 B지점을 돌파했을 때 매수해도 몇 개월 만에 상당한 수익을 올렸을 모양새다. A지점의 경우 고점돌파선에 거의 닿은 꼭지점이 2~3개나 되기 때문에(화살표) 확실한 돌

그림 7 영진약품 일봉차트

파를 기대할 수 있다. 앞서 설명했듯이 꼭지점이 많다는 것은 저항이 강력하다는 뜻이며 강력한 저항을 뚫으면 주가는 폭발력을 발휘하여 급하게 오른다.

만일 초보라서 타이밍 잡는 데 자신이 없다면 주가가 A지점을 돌파한 후 눌림을 받을 때(원으로 표시된 부분) 눌림목 매수를 하는 것도 좋다. 이전 고점돌파선이 강력한 지지를 해주기 때문에 주가 상승을 기대할 수 있다.

그러나 고점을 돌파하면 주가가 멀리 달아나거나 급상승하는 경우가 많아 눌림을 받아도 고가매수가 될 수 있어 조금은 불안하다. 주식투자 경험이 조금이라도 있는 초보투자자라면 A지점이나 B지점에 과감히 매수해야 수익을 최대로 높일 수 있다

초보투자자라면 주가가 지나치게 상승한 후 고점돌파매수는 피하자
돌파매수라도 이전 주가가 지나치게 상승을 이어오지 않았는지 냉정하게 돌아보아야 한다. 만약 그렇다면 에너지 소진으로 주가가 고점을 돌파했더라도 상승력이 약할 수밖에 없다. 잘못 매수했다가는 남들 차익 실현하는데 물량만 떠안을 가능성이 높다. 그렇기 때문에 초보투자자라면 가능한 한 바닥에서 탈출하는 종목을 찾아 안전하게 매수하는 것이 좋은 방법이다.

그림 8   디지털온넷 일봉차트

주가가 1,000원대부터 100% 이상 올라 매수세가 소진되었다. 이 때문에 고점돌파 후에도 크게 상승하지 못하고 매도 물량이 나와 주가가 출렁거렸다. 이런 차트 모양에서는 돌파매수하면 안 된다.

고점돌파는 매물소화가 필요하지만, 돌파만 하면 급상승도 기대된다

돌파매수법의 기본은 주가가 이전 고점을 돌파할 때 개수하는 것이다. 주가는 항시 오르내리는 것을 반복하기 때문에 단기든 장기든 고점을 지나게 된다.

돌파매매에서 주가의 고점은 저항점이다. 고점을 돌파하려면 저항(매물)을 많이 받게 되며 이를 뚫기 위해서는 매물 소화과정이 필요하다. 매물소화가 안 되면 결국 주가는 고점을 돌파하지 못하고 하락하거나 고점을 돌파했더라도 곧 저항을 받게 되어 상승력이 약하다. 그러나 일단 고점을 돌파하면 매도 물량이 줄고 매수 물량은 늘어 상승 확률도 매우 높다. 이때 거래량이 크게 터지면 주가는 급등하여 큰 수익도 단번에 낼 수 있다.

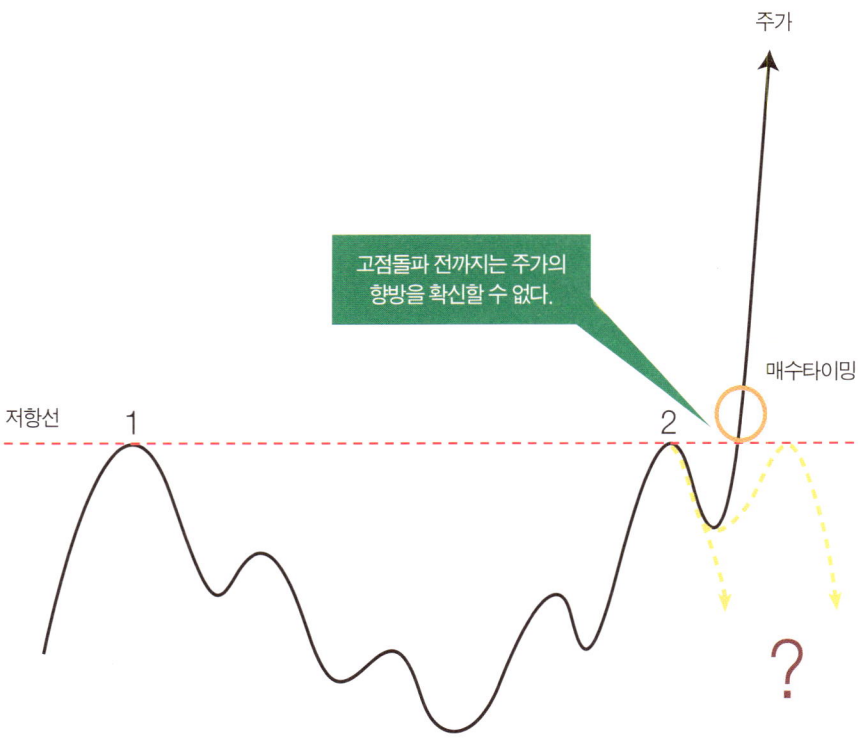

주가

고점돌파 전까지는 주가의
향방을 확신할 수 없다.

매수타이밍

저항선

1

2

?

그림 9 서울음반 일봉차트

016170 ▼🔍🗖 Y B M 서 울 30틱 1분 2분 3분 5분 7분 **일** 주 종일 ⚙

▪ YBM서울 ▪ 종가 단순 5 **20** 60

LC :449
HC :-9.8

최고 9,990 (06/09) →
─ 10,000
─ 9,000
─ 8,000

150%
상승
─ 7,000
─ 6,000

─ 5,000

2차 매수타이밍
─ 4,000

고점돌파선   1차 매수타이밍
─ 3,000

최저 1,640 (01/03)
─ 2,000

▪ 거래량
1,734,346주(79.03%)

매물 소화
─ 2,000K
─ 1,000K

2004/12   02   03   04   05   06   06/09

주가가 고점을 통과하는데 저항이 따르지만 일단 돌파만 되면
눌려 있던 주가가 갑자기 분출하여 급상승할 가능성이 높다.

고수들은 고가에 사는 것은 두려워하지 않는다

초보투자자들은 바닥에서 주가가 조금만 올라버리면 너무 비싸게 산
다고 생각하고 기피하는 경향이 있다. 하지만 고수들은 그렇지 않다. 여
러분이 자동차를 산다고 생각해보자. 가격은 싸지만 품질이 확실치 않은
제품과 가격은 조금 비싼데 확실한 제품이 있다면 어떤 제품을 선택하겠

는가? 여기서 필자가 요구하는 답은 '조금 비싸도 품질이 확실한 제품을 산다'이다. 만약 답을 맞췄다면 여러분도 이제 고수가 되는 길목에 한 발짝 들어선 것이다.

그림 10 현대중공업 일봉차트

주가가 길게 횡보하는 동안 매물을 소화하여 상승 탄력이 좋아 보인다. 무거운 고가주이므로 투자금액 최대로 늘리고 목표수익을 줄여 매매하면 좋다(화살표는 매수타이밍).

142

고수들은 고가에 사는 것을 고가에 산다고 생각하지 않는다. 고가라는 것은 이전 가격 대비 고가가 되는 것이고, 매수한 후 주가가 많이 오르면 고가가 아니라 저가가 되기 때문이다.

고수들은 확실한 매수만 한다

고수들은 고점을 돌파하기 전에는 주식을 사지 않는다. 왜냐하면 주가가 고점을 돌파할 것인지 아니면 하락할지 확실하지 않기 때문이다. 고수들은 확실한 매매를 좋아한다. 그래서 고가가 되더라도 〈그림 10〉의 현대중공업 일봉차트와 같이 고점을 돌파하는 주식을 산다. 이들은 주가가 고점을 돌파하면 한동안 오를 확률이 높다는 것을 이미 경험으로 알고 있다.

그리고 가능한 한 고점돌파가 확실한 매수를 한다. 예를 들면 현대중공업 일봉차트처럼 고점의 갯수가 많다든가, 매물띠가 길어 매물벽이 투텁다거나, 최근래에 최고점을 돌파했다든가 하는 확실성이 있을 때 매수에 나선다.

〈그림 11〉의 무학 일봉차트는 단계적으로 상승하며 매물을 소화한 후 고점돌파한다면 주가 상승도 기대된다. 하지만 주가가 고점을 돌파할 때 얼마나 힘차게 오르느냐와 거래량을 동반한 고점돌파인가를 살펴보고 상승을 점쳐야 한다. 또한 상승삼각형 모양을 한 〈그림 12〉의 시큐리티 KOR은 주가가 모아지며 한동안 매물 소화과정을 거쳐 고점을 돌파해 급등하고 있다. 주가가 돌파선을 걸치지도 않고 위에서 시작하면 돌파매매에서 최상인 모양이 되며, 차후의 주가 상승을 기대해도 좋다. 이때 역시

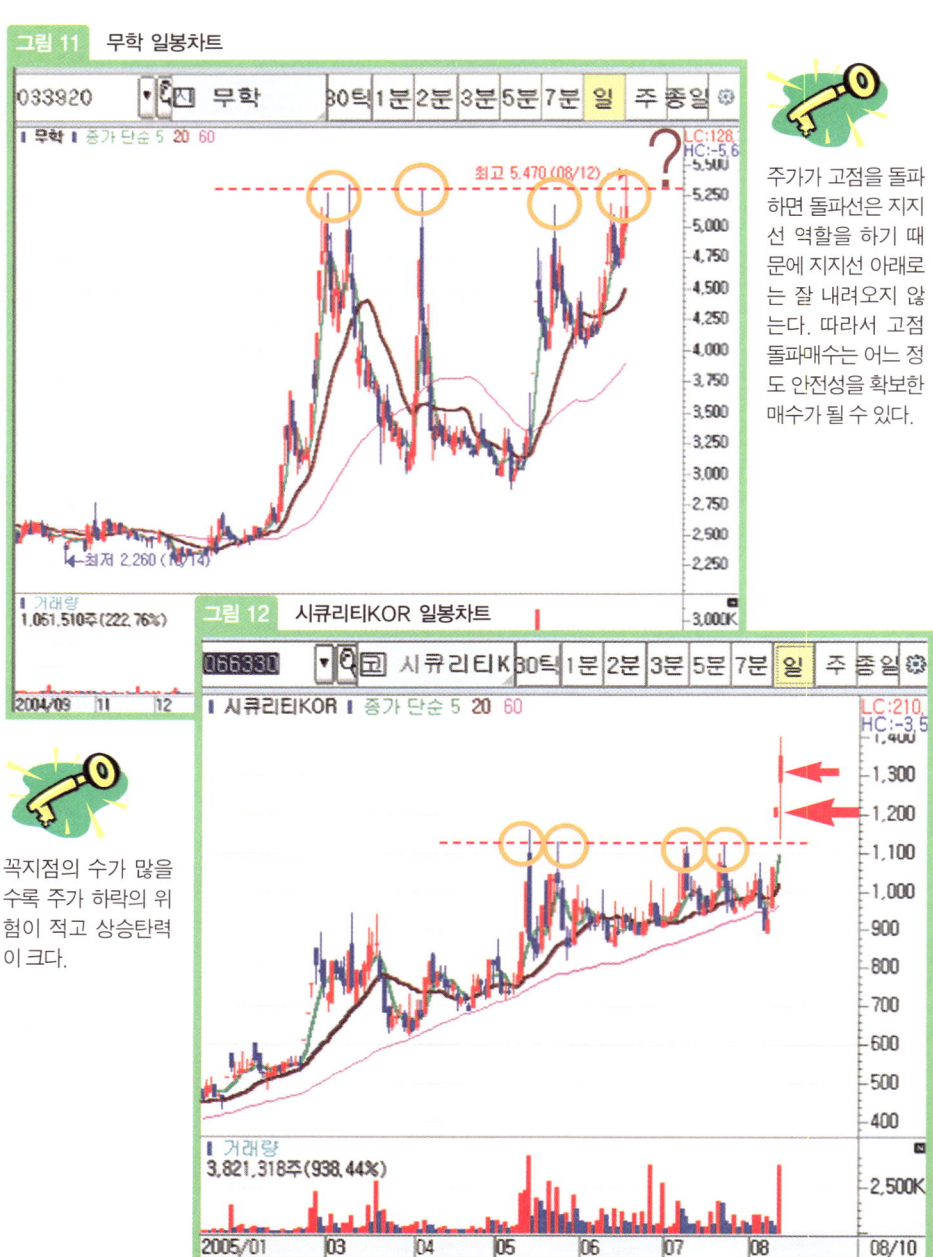

그림 11 무학 일봉차트

주가가 고점을 돌파 하면 돌파선은 지지 선 역할을 하기 때 문에 지지선 아래로 는 잘 내려오지 않 는다. 따라서 고점 돌파매수는 어느 정 도 안전성을 확보한 매수가 될 수 있다.

그림 12 시큐리티KOR 일봉차트

꼭지점의 수가 많을 수록 주가 하락의 위 험이 적고 상승탄력 이 크다.

거래량의 증가와 함께 돌파되는가를 살펴야 한다. 만약 거래량이 적다면 시원한 상승을 기대할 수 없다.

고점이 많으면 마지막 고점을 기준으로 매매해야 실수가 없다

1, 2지점에서 매수하면 바로 위에 고점이 있기 때문에 저항을 받을 수 있다. 〈그림13〉 테크노세미컴 일봉차트에서는 매물을 소화한 후 고점을

그림 13   테크노세미컴 일봉차트

돌파하는 모양이지만 고점을 뚫기 전에 주가가 하락할 수도 있다. 초보투
자자들이 주식을 길게 보고 안전하게 매수할 수 있는 매수타이밍은 마지
막 고점인 3지점을 돌파할 때다. 1, 2지점은 단기매매자들의 포인트다.

그림 14 테크노세미컴 일봉차트

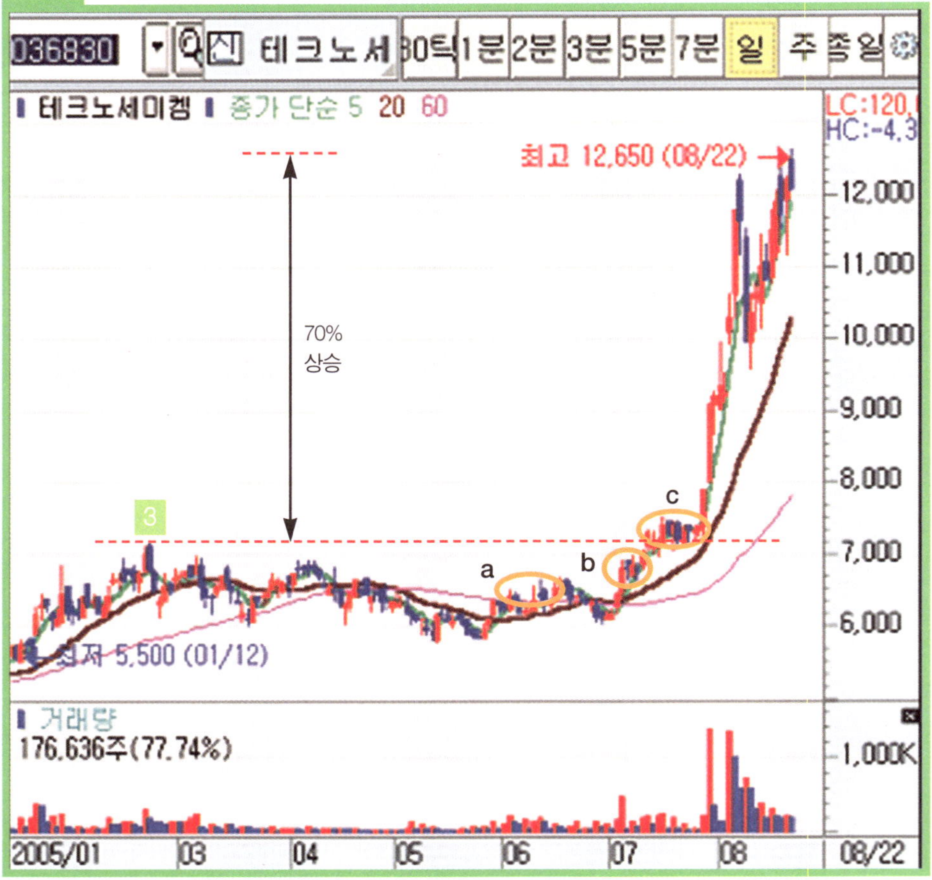

고점이 여러 개 있다면 언제 다시 저항을 받고 하락할지 모르기 때문에 매수를 자제해야 한다. 최
종 고점인 c지점을 통과할 때가 매수타이밍이다.

상투를 잡지 않으려면 조정 받고 돌파하는 종목을 사자

초보투자자는 어떤 일이 있어도 저가매수해야 한다는 것이 필자의 기본 생각이다. 테크닉이 부족하면 타이밍으로 승부를 걸어야 한다. 아무리 주식을 잘 모르는 사람이라도 저가에 매수한다면 수익이 없을 수 없다.

그림 15 쌍용양회 일봉차트

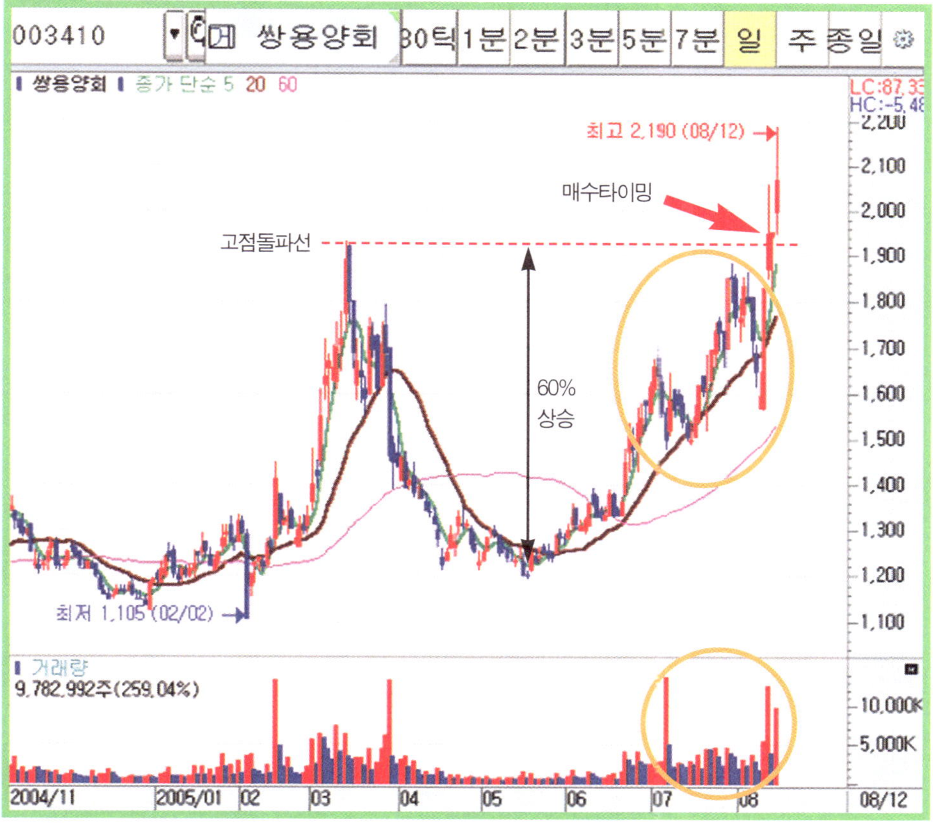

003410
쌍용양회
30틱 1분 2분 3분 5분 7분 일 주 종일
쌍용양회 종가 단순 5 20 60
LC:87.33
HC:-5.48
최고 2,190 (08/12)
매수타이밍
고점돌파선
60%
상승
최저 1,105 (02/02)
2,200
2,100
2,000
1,900
1,800
1,700
1,600
1,500
1,400
1,300
1,200
1,100
거래량
9,782,992주(259.04%)
10,000K
5,000K
2004/11
2005/01
02
03
04
05
06
07
08
08/12

충분히 조정 받으며 올라가는 주식은 고점을 돌파한 후에도 상승할 여력이 충분하다. 고점돌파를 확인한 후 매수하면 성공확률이 높다.

그러나 전 고점돌파매수를 한다고 해서 항시 고가에 매수한다고 생각하는 것은 잘못이다. 앞서 설명했듯이 고가라 하면 오를대로 올라 모두가 물량을 쏟아내려 할 때가 고가지, 바닥을 탈출하고 이전 고점을 돌파했다고 고가는 아닌 것이다. 주가가 고가인지는 시장 전체의 흐름에 물어보아야 한다.

| 그림 16 | 주가가 급상승해 매수에 부적절한 종목 |

특별한 조정 없이 급상승했다면 섣불리 매수하지 말아야 한다.
충분한 매물소화와 주가 조정기간을 거친 종목이어야만 안전하다.

가능한 한 고점을 돌파하기 전 주가 조정을 거치는 종목이 상승 여력도 큰 종목이라 할 수 있다.

바닥에서부터 곧바로 올라온 종목은 차익매물이 늘어 고점돌파도 쉽지 않지만 돌파하더라도 상승력이 약하다. 따라서 주가 조정 여부를 꼭 확인한 후 매수해야 상투 잡고 애먹는 불상사가 생기지 않는다.

초보투자자가 알아야 할 7가지 돌파매수 포인트

1. 분차트와 일봉차트를 관찰해 돌파 여부를 판단하라

주가가 고점을 돌파할 때 매수타이밍을 잡기 위해서는 고점돌파가 임박한 종목들을 한곳에 모아놓고 분차트(봉모양보다 선으로 된 분차트가 판단하기 좋음)를 열어 당일 고점돌파 여부를 판단하면 된다.

2. 돌파는 장대양봉이 최고다

고점을 돌파한 종목을 발견했을 때는 성급히 매수하지 말고 여유를 갖고 매수시점을 노려라. 고점을 돌파한다는 것은 주가가 당분간 상승한다는 것을 의미하는 것이니 여유를 가져라.

주식을 싸게 사는 것은 당연하지만 성급하게 생각할 필요는 없다. 어떤 경우에는 주가가 고점을 돌파한 후에도 저항이 너무 커 곧바로 고점 아래로 다시 내려오거나 고점을 뚫고 급상승한 후 장 마감에 가서는 고점을 유지하지 못하는 경우도 있다. 이런 경우 그 주가는 고점을 돌파했다고 볼 수 없으며, 잘못했다가는 크게 고생할 수 있다.

그림 17   한진중공업 분차트

최고 15,650 (11:41)

일봉상의 고점돌파선

14,792.50

적극 매수

고점돌파 파악

최저 14,150 (13:42)

일자 구분선

거래량
6,820주(217.88%)

그림 18   한진중공업 일봉차트

고점돌파선

최고 15,650 (06/30)

14,791.12

13,019.70

적극 매수

최저 7,360 (01/14)

다음은 필자가 경험으로 얻은 고점돌파 파악법의 일부다. 경험으로 축적한 정보이므로 교과서적이지 않을 수 있으며, 기술한 내용들은 주가 고점돌파시에만 적용되는 것이니 감안하여 참고하기 바란다.

a, b는 모두 장대양봉 형태로 당일 종가가 고점보다 훨씬 높이 위치하므로 매우 희망적인 고점돌파 형태다. 만약 a, b가 장대양봉의 상한가로 끝난다면 최상의 고점돌파 신호라 판단하면 된다.

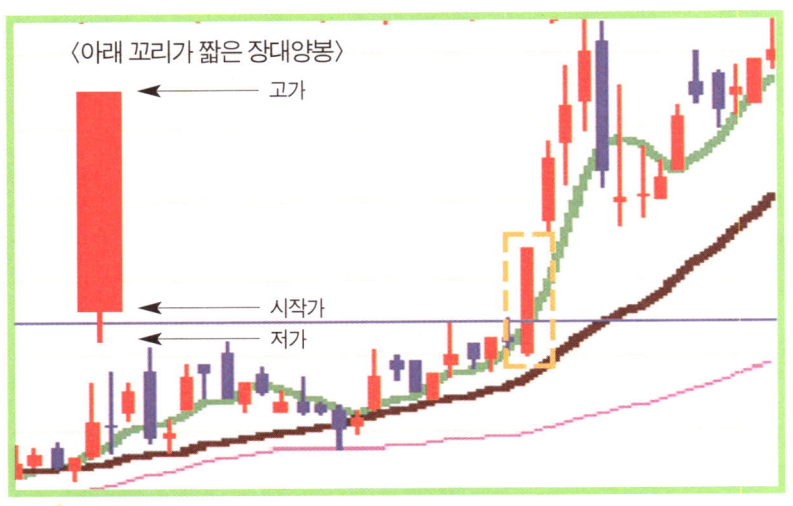

〈아래 꼬리가 짧은 장대양봉〉

고가

시작가

저가

꼬리의 길이는 짧거나 없을수록 주가 상승력이 좋고, 이후의 주가도 수직상승할 것으로 예측하면 거의 맞는다.

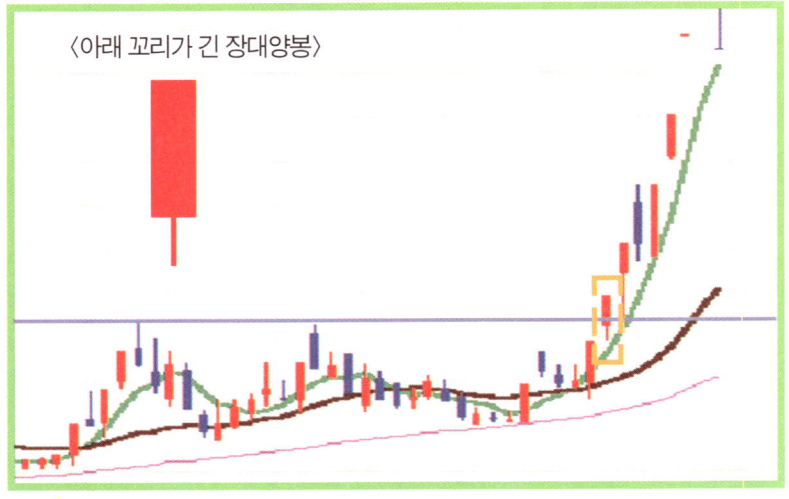

〈아래 꼬리가 긴 장대양봉〉

돌파매매의 가장 좋은 형태는 고점 돌파 후 당일 주가가 고점을 크게 벗어나 올라가 있는 것이다. 꼬리없는 장대양봉이나 아래 꼬리달린 양봉이면 상승 탄력이 매우 크다. 가장 좋은 돌파는 꼬리없이 솟아오른 양봉이며 가능한 빨리 상한가 진입하는 종목(오전 중 상한가 마감) 이다.

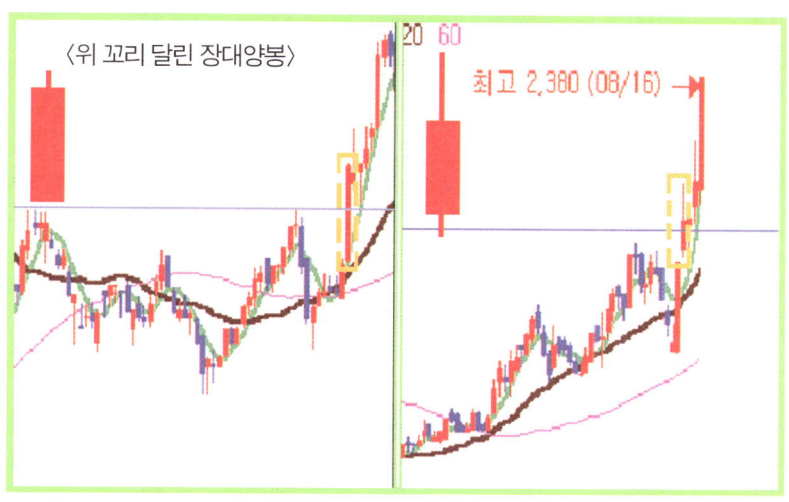

〈위 꼬리 달린 장대양봉〉

20 60

최고 2,380 (08/16) →

위 꼬리 달린 장대양봉은 매물의 출현을 의미한다.
꼬리의 길이가 길수록 저항이 크기 때문에 주가 상승에 걸림돌이 될 수 있다.
하지만 매물을 소화하면 큰 폭으로 상승할 수 있다.

3. 매수세의 강도를 파악하면 타이밍이 보인다

　주가가 고점을 돌파했다면 이를 아는 투자자들은 적극적으로 매수에 나서게 되고, 매수 경쟁이 심하다보면 단시간에 상한가를 쳐 매수 기회를 놓칠 수 있다. 당일의 주가 상승 강도를 보면 주가의 고점을 미리 예측할 수 있으며, 다음날 주가 상승의 지속 여부도 알 수 있다.

　뒤에서 다시 설명하겠지만 차트를 분석해 적합한 종목을 찾았다면 다음은 현재가 안에서 주가의 움직임을 보고 그 분위기와 매수 강도를 파악해 매수타이밍을 잡아야 한다. 고점돌파시 장대양봉은 희망적인 주가의 흐름을 예측케 한다. 따라서 고점돌파가 예상되는 종목을 고른 뒤 당일 분차트에 고점돌파가 확인되면 매수에 적극적으로 임하자.

4. 속임수에 속지 말자

돌파매매에서 가장 중요한 것은 고점을 돌파했느냐지만 이와 비슷한
경우들이 많으니 절대 속지 말자. 다음은 초보들을 현혹시키는 예이다.

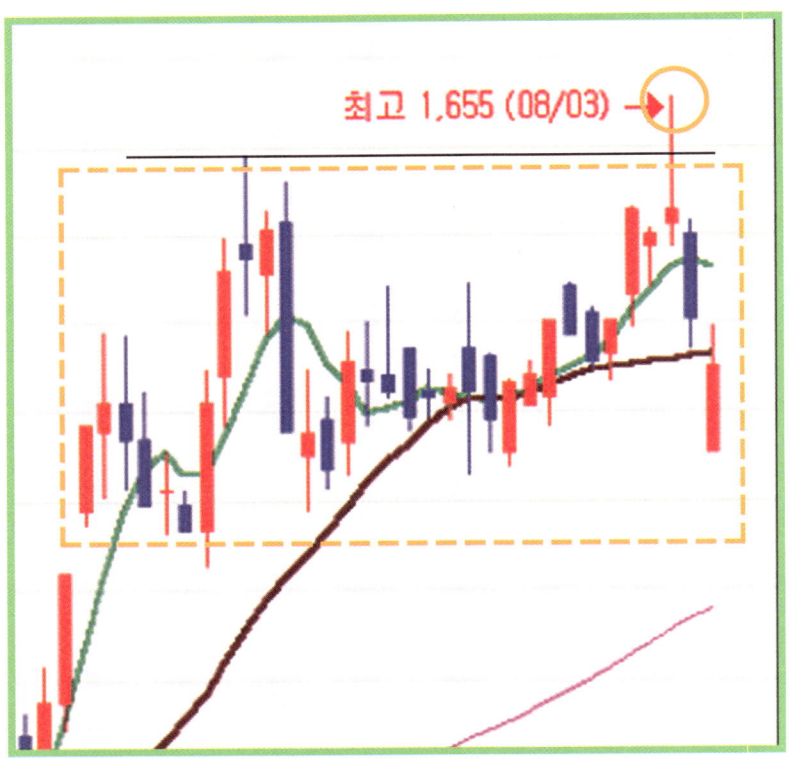

 박스권의 주가가 일시적으로 고점을 뚫고 원위치했다. 진정한 돌파가 아니다.
고점 위의 주가는 일시적으로 긴 장대양봉으로 보였으나 종가는 고점 아래에
형성되었다. 주가는 매수세가 약해지자 다시 박스권으로 돌아갔다. 매수세가
강하면 다음날 다시 고점돌파에 도전할 가능성이 높다.

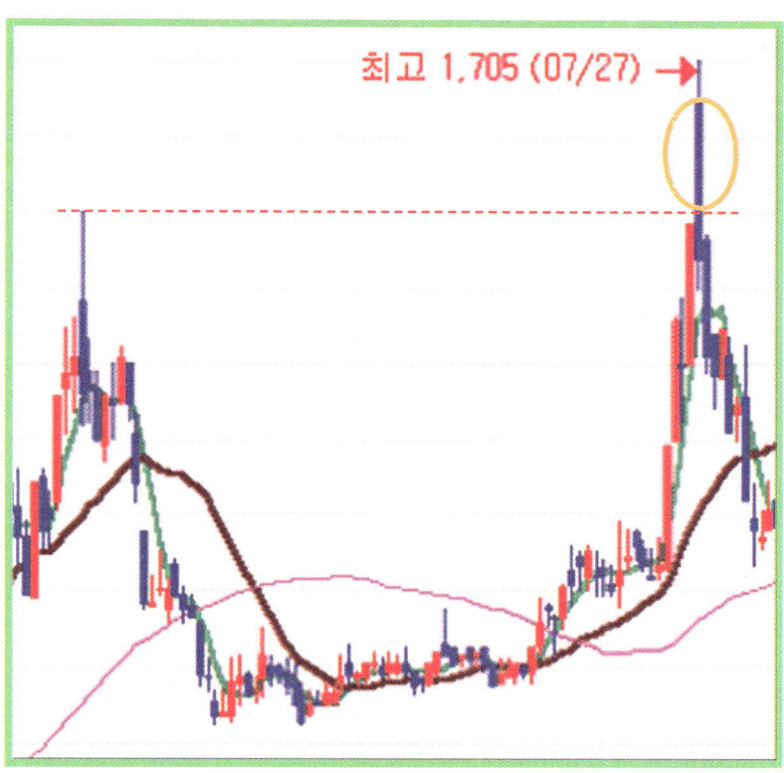

최고 1,705 (07/27) →

종가가 고점 아래 있어 진정한 돌파가 아니다. 시작가부터 고점을 뚫는 강세를 보였으나 얼마 못가 실망매물의 증가로 주가는 급락하였다. 제일 나쁜 형태이며, 아래 꼬리 없는 긴 장대음봉일수록 주가 하락의 가능성은 크다.

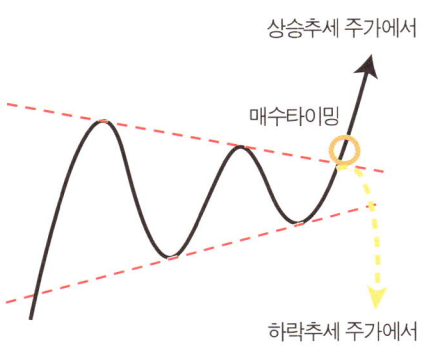

최고 1,715 (07/08)

이론상 매수시점

상승추세 주가에서

매수타이밍

하락추세 주가에서

저점을 높여가는 패턴

주가가 전 고점을 뚫었으나 계속 상승하지 못하고 전 고점 부근에서 종가를 형성했다. 음봉이 생겼다면 하락도 점칠 수 있으나 양봉이라면 고점돌파가 가능하다.

상승 장세에서 저점을 높여가는 대칭삼각형이나 상승삼각형 패턴은 고점을 돌파하면 추후에 상승할 가능성이 높다.

5. 고점돌파와 함께 첫 상한가에 진입한 종목은 적극 매수해도 좋다

당일 고점을 돌파한 주가의 매수 강도가 매우 강해 상한가에 진입했다면 무조건 매수하라. 왜냐하면 주가가 고점을 돌파하면 당분간 상승을 이어갈 것이라 예측할 수 있다. 그리고 통계적으로 첫 번째 상한가에 진입한 주식은 다음날 상승할 확률이 매우 높고 상승세를 계속 이어갈 확률도 높다. 초보투자자들에게 쉬운 일은 아니지만 첫 상한가 진입이라면 용기를 내야 한다. 필요하다면 더 주고 사는(상한가 매수) 것도 두려워해서는 안 된다.

6. 대형주보다는 중·소형주가 돌파 상승탄력이 크다

대형주는 몸집이 무거워 고점을 돌파해도 탄력을 크게 보이지는 못하는 경우가 많다. 하지만 몸집이 가벼운 중·소형주는 심리적 저항선인 전 고점을 돌파하면 군중심리에 의해 급상승할 확률이 무척 높다. 그러나 기초체력 없이 급등한 종목들은 조그마한 악재에도 급락할 가능성이 크므로 주가의 움직임에 촉각을 곤두세워야 한다.

7. 자신이 없으면 장 마감을 노려라

고점을 뚫고 급등하는 주가가 상승 탄력이 매우 강하다면 당연히 매수에 임해야 한다. 하지만 실수하지 않기 위해서는 많은 실전 경험과 주가 분석능력이 필요하다. 주식을 좀 아는 사람은 현재가창만 보고도 확실한 고점돌파 여부를 알 수 있지만 아직 그런 감을 잡지 못했다면 장 마감 시간대(2시 30분~2시 50분)를 노리자.

초보투자자는 주가가 금방 상한가 치며 매수 기회가 없을 것 같아 조바심이 나겠지만 참아야 한다. 보통 주가가 힘차게 고점을 돌파하지만 장 마감 무렵이면 큰 폭으로 조정받는 경우가 많다. 필자도 장 중에 섣불리 매수했다가 장 마감 무렵에 주가가 하락해 골탕 먹은 적이 한두 번이 아니었다. 기다리면 틀림없이 기회가 온다.

그러나 이것저것 신경 쓰기 싫고 매수하는 데 자신이 없다면 고점을 돌파한 당일 무조건 장 마감 동시호가에 매수하면 된다. 예외가 있기는 하지만 일반적으로 고점을 돌파한 다음날 주가는 거의 종가 이상을 유지한다.

서울일렉트론 일봉차트 **그림 19**

서울일렉트 **30틱** 1분 2분 3분 5분 7분 **일** 주 종일

최고 1,435 (05/26)
2차 매수타이밍

1차 매수타이밍

032980 서울일렉트30틱

서울일렉트론 종가 단순 5 20 60

최고 1,320 (01/27)

1차 매수타이밍

저항선
고점돌파선

최저 250 (10/25)

거래량
968,916주(259.55%)

2004/10   12   2005/01   02   03   04   05   05/18

대형주보다는 중·소형주가 고점돌파시 상승탄력이 크다

고점까지는 큰 가격차가 있으므로 장대양봉이 출현할 때를 1차 매수타이밍으로 잡고 과감하게 뛰어들어야 한다. 2차 매수타이밍은 그간의 상승폭이 커서 지나친 상승을 경계해야 한다.
그러나 고점을 장대양봉으로 힘차게 돌파하여 한동안 상승이 계속 될 것이라 판단된다.
매수하겠다면 단기적 접근이 유효하다.

장 마감 동시호가 매수를 하기 위해서는 몇 가지 요령을 길러야 한다. 주식이 중·소형주이고 거래량이 적어 자기 매수 물량이 호가를 상승시킬 수 있는 상황이라면 장 마감 동시호가 3호가 안에 넣어둔 주문은 무조건 취소해라(동시호가가 시작되면 3호가만 보여짐). 매수 물량이 적어야 주식를 싸게 살 수 있다.

또한 주문창을 계속 지켜보다가 장 마감 직전인 2시 59분 45초(장 마감 15~30초 전. 3시 정각에 장이 마감됨) 정도에 매수호가보다 한 호가 위로 주문을 넣는 것도 좋다. 매수할 물량이 많다면 지나치게 매수호가를 올려 주문하는 것이 위험하지만 수량이 적다면 상한가로 주문을 내면 가장 좋은 가격에 매수할 수 있다.

혹시 동시호가가 생각보다 고가로 체결되어 끝난다 해도 걱정할 것 없다. 주가 끝이 위로 치켜 올라가며 고점돌파한 경우 다음날 주가가 갭상승으로 날아가는 경우도 많기 때문이다.

돌파매매는 약세장보다 강세장에서 유리하다

돌파매매는 강한 종목을 고점돌파시에 사서 고점에 파는 전략이므로 약세장 혹은 약세 종목에서는 이 기법이 잘 맞지 않을 수 있다. 가능한 한 강세장, 강세종목에서 활용하는 것이 확률을 높이는 방법이다. 주가가 고점을 제대로만 돌파하면 상승세가 이어져 단숨에 큰 수익을 낼 수 있으므로 욕심 부리지 않는다면 단기에 큰 수익을 실현할 수 있다.

또한 급상승한 주가는 급락할 수 있다는 생각을 하고 길어도 1~2개월 이내에 승부를 보려는 매매전략이 적합하다. 사실 약세장에서도 시장과 반대로 움직이는 강한 종목이라면 돌파매매를 적용해도 되지만 초보투자자들은 가능한 한 많은 연습을 한 뒤 강세장에서만 활용하는 것이 바람직하다.

4. 상승 패턴을 이용해 고가에 사서 고가에 파는 법

패턴(pattern)이란, 주가의 움직임으로 생긴 곡선의 정점에 추세선을 그어 주가와의 상관관계를 알아보는 것이다. 패턴의 형태는 여러 가지가 있지만 실전에서 자주 나타나고 상승 가능성이 높은 몇 가지 패턴을 익혀두면 투자에 큰 도움이 된다.

패턴 1) 상승삼각형 패턴

상승장에서 주가가 급등할 가능성이 매우 높다

상승삼각형 패턴은 다음 그림처럼 주가가 고점 1을 돌파하지 못하고 2와 3에서 저항을 받은 후 폭이 좁아지는 지점에서 저항선을 돌파하여 상승하는 움직임을 보인다. 이 패턴에서는 위꼭지점의 갯수가 많을수록 확실성이 높다. 최소 상승폭은 상승삼각형의 첫 번째 봉우리로 예측할 수 있다. 이때 주가가 저항선을 돌파하면 지속적으로 상승 흐름을 탈 확률이 높다.

〈상승삼각형 패턴〉

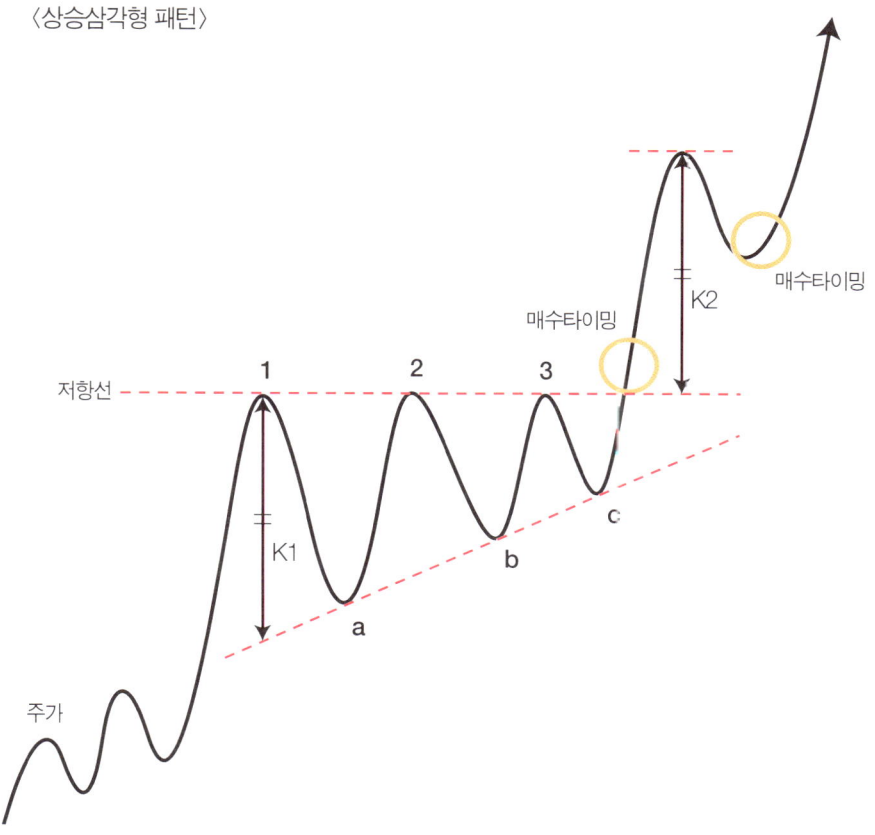

상승삼각형 패턴의 특징은 주가가 저점을 점점 높여가며(a, b, c), 보통 저항선은 수평을 이룬다. 시간이 지날수록 주가의 폭이 점점 좁혀지는 것은 상승이 임박했음을 알려주는 신호다. 이 패턴은 몇 달에 걸쳐 형성되기도 하며, 2~3개 정도의 꼭지점을 만든 후 저항선을 뚫고 상승하는 것이 보통이다. 만약 이런 패턴에서 주가가 상승한다면 주가의 새로운 추세가 정해지는 것이므로 한동안 상승을 기대할 수 있다.

매수타이밍은 이론과 실전 모두 주가가 저항선을 돌파할 때다. 한 번 더 기회가 있다면 저항선을 돌파한 후 저항선에서 멀리 떨어지지 않는 상태에서 눌림목을 형성하고 재상승하려 한다면 이때를 노려도 그리 늦은

그림 20　삼성전자 일봉차트

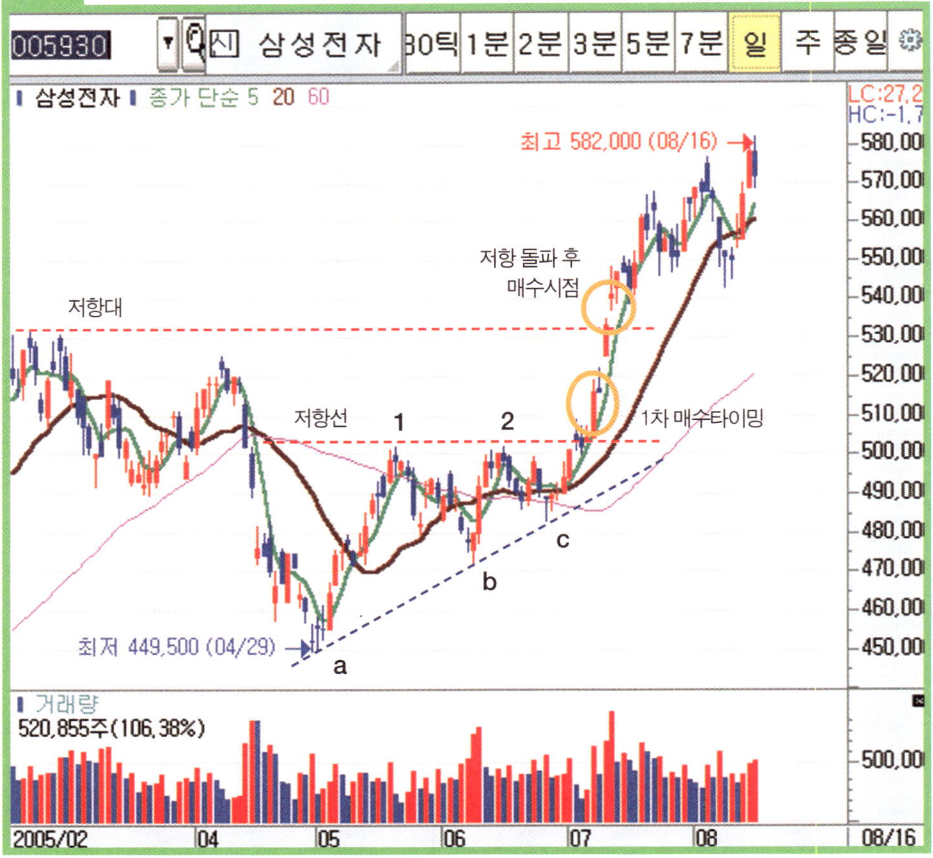

| 005930 | ▼🔍🟢 삼 성 전 자 | 30틱 | 1분 | 2분 | 3분 | 5분 | 7분 | **일** | 주 | 종 | 일 ⚙ |

▮삼성전자 ▮종가 단순 5 20 60

최고 582,000 (08/16) →

저항 돌파 후
매수시점

저항대

저항선　　1　　2

1차 매수타이밍

c

b

최저 449,500 (04/29) →

a

▮거래량
520,855주(106.38%)

2005/02　｜04　｜05　｜06　｜07　｜08　　08/16

주가가 저점을 높여가며 좁혀지다가 끝지점에서 저항선을 뚫고 급등하는 상승삼각형 패턴이다.
매수타이밍은 저항선을 돌파할 때다.

것은 아니다. 그러나 큰 폭으로 상승한 후 눌림목에서 매수하는 것은 고가매수가 될 수 있으므로 초보투자자들은 피하는 게 좋다. 때로는 하락추세 상태에서 대칭삼각형 패턴이 나타나기도 하지만 드문 편이다.

그림 21 모나리자 일봉차트

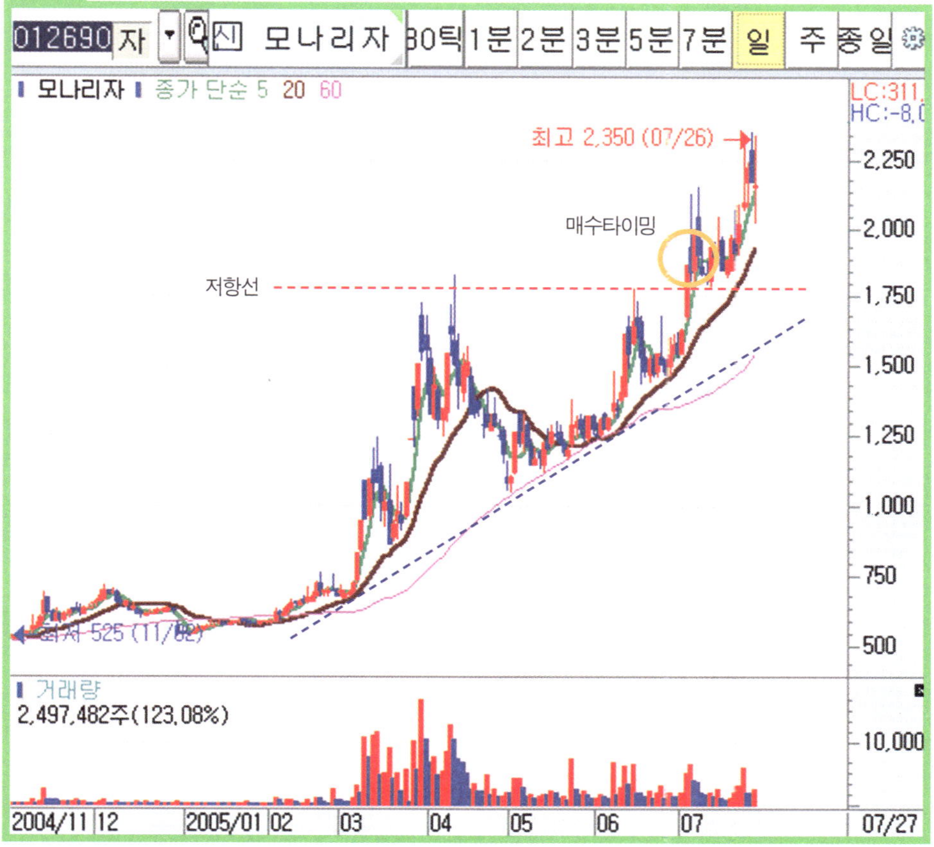

012690 자 ▼ 모나리자 30틱 1분 2분 3분 5분 7분 **일** 주 종 일 ⚙

▌모나리자 ▌ 종가 단순 5 20 60

최고 2,350 (07/26) ➜

매수타이밍

저항선

최저 525 (11/02)

▌거래량
2,497,482주(123.08%)

2004/11 12 2005/01 02 03 04 05 06 07 07/27

3~4개월에 걸쳐 만들어진 상승삼각형 패턴이다.
저항선 돌파시 장대양봉의 출현은 확실한 매수타이밍임을 알려주고 있다.

안전한 저가매수를 하기 위해서는 상승삼각형 패턴이 형성된 후 주가가 저항선(고점)을 돌파하며 장대양봉을 만드는 날 매수하는 것이 가장 좋다. 고점을 돌파했을 때 저가매수하지 못했다면, 무리한 추격보다는 가능성은 적지만 저항선에서 멀리 떨어지지 않고 눌림을 받을 때 매수하는 것이 좋다(대부분 주가가 고점을 돌파한 후 급상승해 고점매수하기 힘든 경우가 많음).

또 다른 방법은 주가가 한동안 큰 폭으로 상승할 것이라는 가정 하에 상위 가격대의 저항점을 찾아보고, 저항선을 돌파했을 때 매수하여 단기매매하는 것도 요령이다.

매도 시기는 투자자의 성향에 따라 다르겠지만 이 매매법이 비교적 고가매수인 만큼 주가의 하락도 염두에두면 실패가 적다. 앞서 설명했듯이 주가의 최소 상승폭은 K1, K2를 참조하고, 지지 · 저항기법을 조합하면 적절한 매도타이밍을 잡을 수 있을 것이다.

〈그림 22〉의 경남기업 일봉차트는 아직 완성되지 않았지만 상승삼각형 패턴을 만들어가고 있는 형태다. 저항선을 만든 고점의 수가 많아 쉽사리 저항을 돌파하기는 어려워 보이지만 오랜 기간에 걸쳐 저점을 높여가고 있다는 것이 긍정적이다. 앞으로의 주가는 아직 알 수 없는 시점이지만 과거 주가의 움직임을 토대로 미래를 예측할 수 있다. 차트 모양을 이론대로 대입해보면 주가 움직임의 폭이 좁아지는 정점 부근에서 화살표와 같은 움직임을 예상할 수 있다. 그러나 상승삼각형 패턴에서는 보통

고점의 갯수가 2~3개인 것에 비해 이 차트에서는 5~6개 정도로 고점 부근에서 저항이 상당할 것임을 예상할 수 있다. 그렇기 때문에 정점 부근에서 예외적인 하락이 있을 수도 있다.

그림 22 경남기업 일봉차트

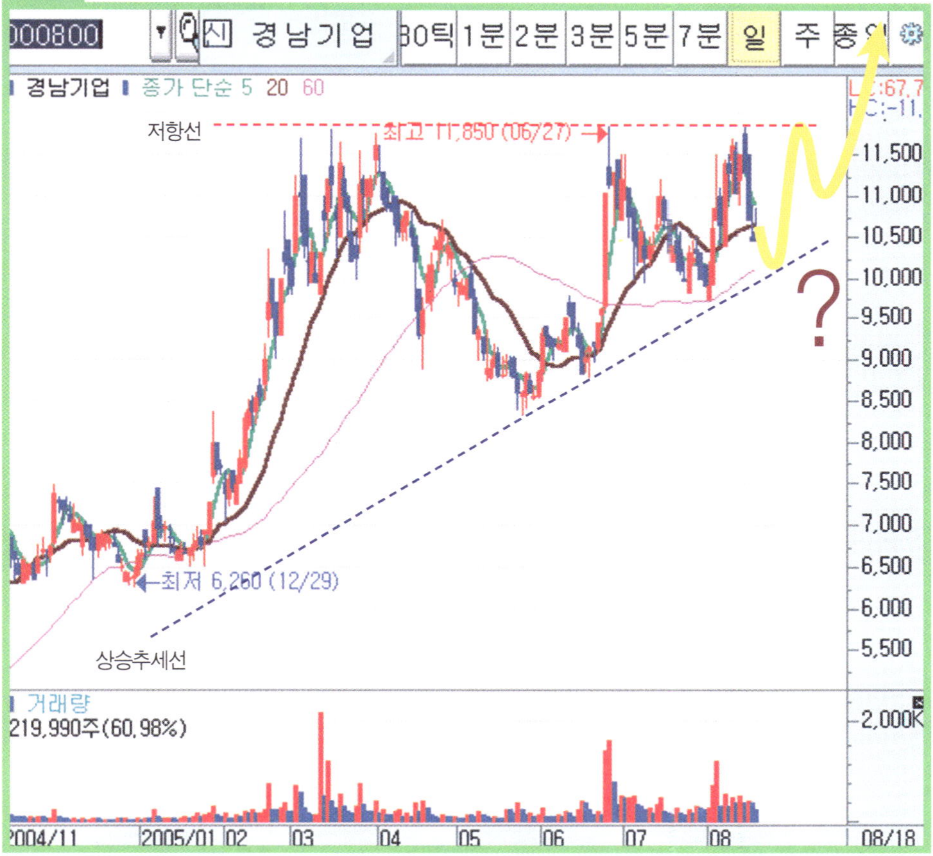

000800 ▼ Q 신 경 남 기 업 30틱 1분 2분 3분 5분 7분 일 주 종

경남기업 종가 단순 5 20 60

저항선 ----- 최고 11,850 (06/27) →

최저 6,260 (12/29)

상승추세선

거래량
219,990주(60,98%)

2004/11 2005/01 02 03 04 05 06 07 08 08/18

고점을 여러 번 찍고 하락하던 주가가
저점을 높여가며 고점을 돌파하면 적극적으로 매수에 임하자.

패턴 2) 대칭삼각형 패턴

상승추세에서 나타나면 주가가 상승할 가능성이 높다

대칭삼각형 패턴에서는 주가가 하향추세선과 상향추세선의 접점에 가까워질 때 주가의 향방이 결정된다. 매매포인트는 상승삼각형과 비슷하며, 주가가 대칭삼각형 패턴을 이탈하는 지점이 매수타이밍이다. 이때 거

〈대칭삼각형 패턴〉

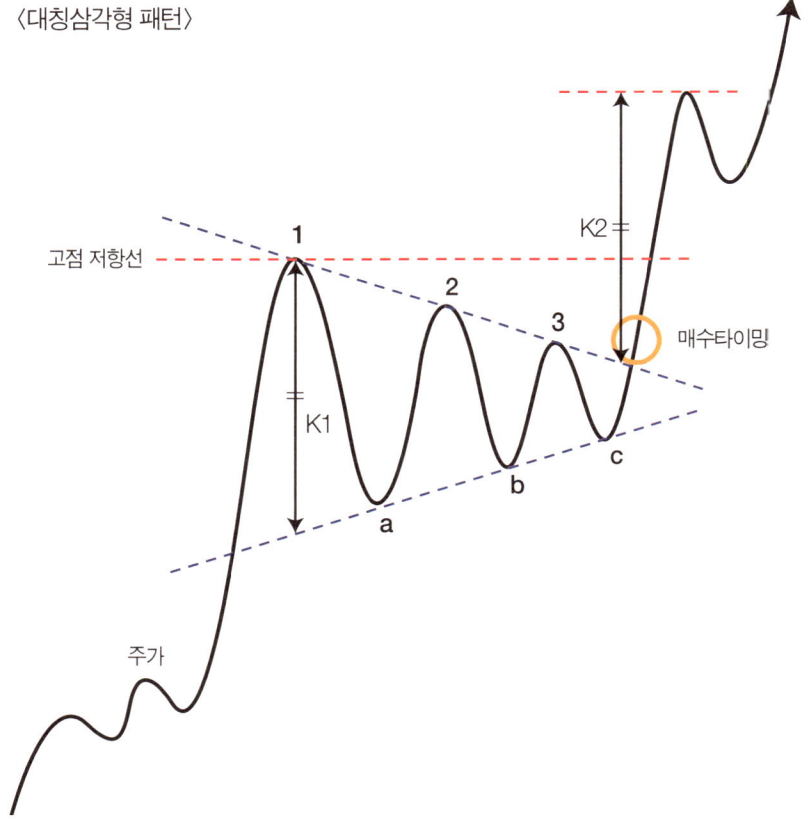

래 급증과 동시에 주가의 급변이 이루어진다. 원래 이런 패턴은 주가가
어디로 튈지 모르는 모양이지만, 상승추세에서는 상승 가능성이 높으며,
하락추세에서는 급락할 수 있다. 최근(2000년대)의 시장 상황에서는 상

그림 23 예당 일봉차트

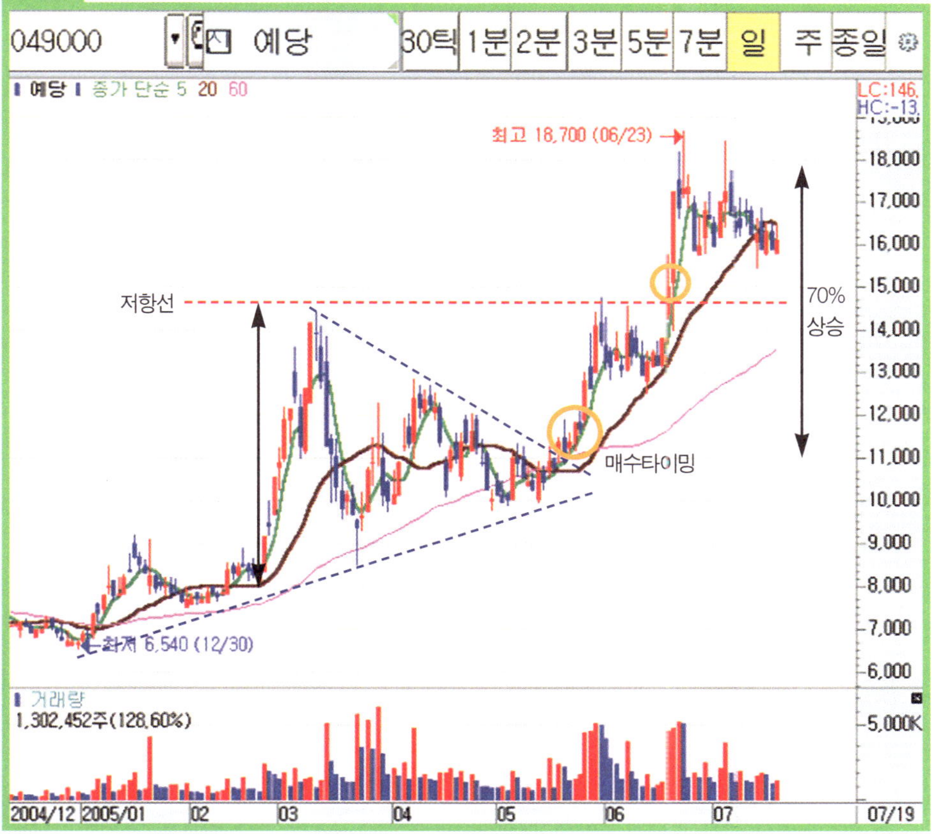

049000 ▼ 예당 30틱 1분 2분 3분 5분 7분 일 주 종일 ⚙

저항선

매수타이밍

최고 18,700 (06/23)

70%
상승

최저 6,540 (12/30)

거래량
1,302,452주(128,60%)

2004/12 2005/01 02 03 04 05 06 07 07/19

하락추세선과 상승추세선이 좁혀지다가 만나는 지점에서 주가는 상승하거나 하락한다.
상승추세에서는 주가 상승에 무게를 두고, 매수타이밍은 저항(추세선)을 돌파할 때다.

승삼각형보다 대칭삼각형 패턴의 발생 빈도가 높다.

　　매수타이밍은 주가가 하락추세선(저항선)을 돌파할 때가 정확한 매수타이밍이다. 때로는 주가가 추세선 위를 돌파해 상승으로 이어져도 1지점에서 저항 받는 경우가 종종 있다. 그러나 주가가 이 저항대를 거침없이 돌파한다면 추가상승을 기대할 수 있으며, 최소한 K1 정도나 그 이상의 상승도 기대할 수 있다.

　　〈그림 23〉의 예당 일봉차트와 같이 주가가 추세선을 돌파한 후 곧바로 눌림을 받을 수도 있는데 단기 매수타이밍(A)으로 잡을 수 있다. 하지만 눌림을 받는 지점이 저항선 근처라면 여유있게 매수할 수 없으므로 차라리 저항선을 돌파한 B지점을 매수타이밍으로 잡는 것이 현명하다.

　　이상과 같이 여러 가지 매수타이밍을 설명했다. 하지만 가장 싸게 사는 것이 수익을 높이는 최고의 방법이므로 초보투자자들은 반드시 주가가 하락추세선을 돌파할 때 매수하기 바란다.

패턴 3) 하락삼각형 패턴

상승하는 장의 상승추세에서 자주 나타난다

　　하락삼각형 패턴은 하락추세에서 잘 나타난다. 하지만 상승추세에서 주가가 지지선과 하락추세선이 만나는 접점 부근에서 하락추세선을 상향돌파하면 상승으로 이어지며, 이때가 정확한 매수타이밍이다. 이 패턴

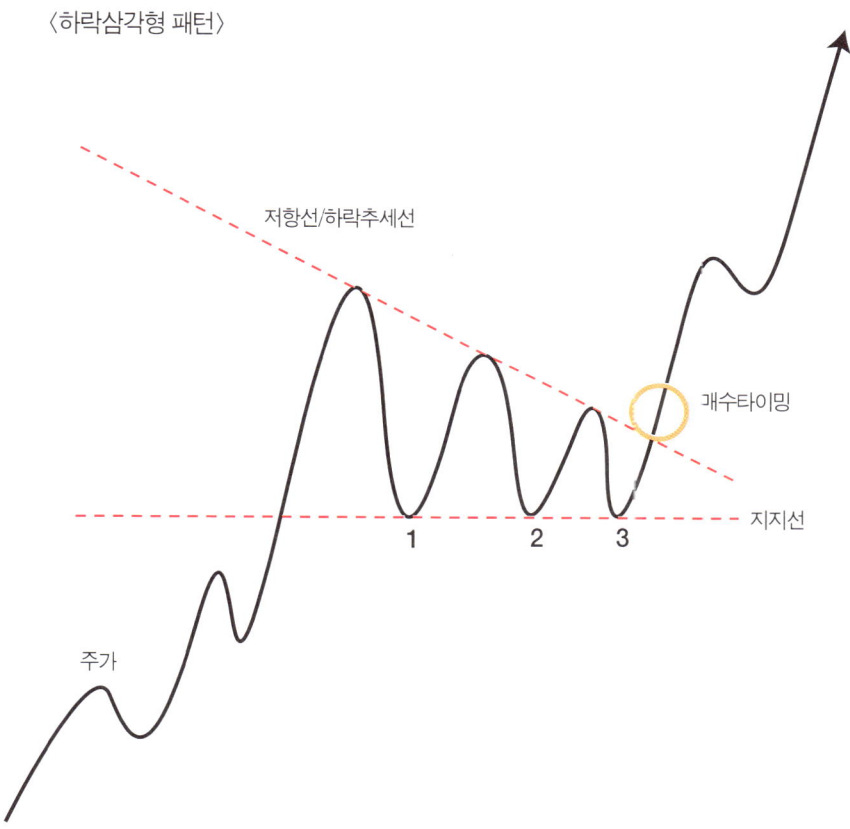

〈하락삼각형 패턴〉

저항선/하락추세선

매수타이밍

지지선

1 2 3

주가

을 확인하려면 아래 지지선이 수평으로 지지되는지 그리고 주가의 움직
이는 폭이 줄어들면서 고점을 낮춰가며 하락추세를 유지하는가를 살펴
보면 된다.

〈그림 24〉의 F&F 일봉차트와 〈그림 25〉의 태산엘시디 일봉차트는 상
승추세에 나타난 하락삼각형 패턴이다. 주가가 저점을 4개 찍고 꼭지점
으로 모아지고 있다. 상승추세에 나타난 하락삼각형 패턴의 특징은 주가

가 바닥을 확인하고 모아지는 지점에서 위로 향할 확률이 높았던 과거의
패턴을 매매에 활용하는 것이다. 바닥을 다진 상태라 크게 상승할 확률이
매우 높다.

그림 24   F&F 일봉차트

주가의 급락으로 발생한 쌍바닥은 일반적인 쌍바닥으로 보지 말고 단기로 접근하면 좋다.
가파르게 오른 주가가 지지선 혹은 넥라인을 돌파할 때 반드시 매도해야 한다.

그림 25 태산엘시디 일봉차트

바닥을 4번이나 다지며 좁혀지는 하락삼각형이므로
주가가 상승세로 돌아서면 큰 폭 상승을 기대할 수 있다.

그림 26   한국금융지주 일봉차트

| 071050 | ▼🔍⊠ | 한국금융 | ┃30틱 | 1분 | 2분 | 3분 | 5분 | 7분 | 일 | 주 | 종 | 일 | ⚙ |

▌한국금융지주 ▌종가 단순 5 20 60

LC:281
HC:-0.8

최고 23,300 (07/15) →

65%
상승

매수타이밍

22,000

20,000

18,000

16,000

14,000

12,000

10,000

8,000

6,000

최저 6,060 (10/25)

▌거래량
397,796주(26,96%)

1,000K

| 2004/10 | 12 | 2005/01 | 02 | 03 | 04 | 05 | 06 | 07 | | 07/18 |

주가가 상승추세를 이어가다가 4개월에 걸쳐 하락삼각형 패턴을 형성한 후 하락추세선을 돌파했
다면 큰 폭의 상승이 기대되므로 적극적인 매수를 고려해보자.
그리고 지지점이 많을수록 차트가 안정적이라 할 수 있다. 주가가 바닥을 찍고 상승을 시작할 때
매수해야 한다. 미리 예측하여 바닥 꼭지점에서 사는 실수는 말아야 한다.

5. 급락 받아먹기 매매법을 활용하는 방법

주식투자를 하다보면 잘 올라가던 주가가 특별한 이유도 없이 급락을 하여 당황하는 때가 종종 있다. 초보일 때는 이럴 때가 가장 공포의 시간이지만 어느 정도 주식투자에 익숙해지면 오히려 매수의 기회로 삼을 수 있게 된다.

급락하는 주식를 매수한다는 것은 그 주식이 지나친 하락으로 곧 반등할 것이라는 믿음이 있기 때문이다. 주가는 크게 오르고 나면 이전 가격으로 돌아가려 하고, 반대로 크게 떨어지면 다시 회복하려는 회귀본성이 있다. 이런 원리를 이용한 매매법이 급락을 사는 매매법이다.

이런 매매법은 오랜 기간을 필요로 하지 않고 몇 일, 길어도 몇 주 정도면 모든 매매가 마무리 되는데 이를 '단타매매' 라고 한다. 근래에는 이 기법이 더욱 짧아져 데이트레이딩이란 장르로 발전하여 주식투자의 한 분야를 차지하고 있다.

단타매매의 기법은 여러 가지가 있지만 그 중에서도 급락을 받아먹는 기법은 누구나 쉽게 시도해볼 수 있는 매매법이다. 이 매매법을 성공적으로 활용하기 위해서는 적당한 종목 선정과 적절한 매수타이딩을 잡아야 한다. 그리고 다음에 설명하는 몇 가지 요령만 익히면 초보투자자도 그리 어렵지 않게 할 수 있다.

수익을 실현할 수 있는 급락 종목 선정 포인트

1. 상승추세이며 상승탄력이 강한 종목을 찾는다

주가가 지속적으로 상승했다면 일시적으로 하락하더라도 다시 상승추세를 이어갈 것이라는 믿음이 작용하여 주가는 탄력있게 복원된다. 따라서 가능한 한 상승추세이며, 상승탄력이 강한 종목을 찾는다.

2. 소형주보다는 중·대형주를 고른다

급락하는 종목은 차트를 분석해 매수타이밍을 잡아야 하므로 차트가 잘 적용되는 종목을 골라야 한다. 대체적으로 중·대형주일수록 차트가 잘 맞는다. 소형주라고 해서 안 되는 것은 아니지만 초보투자자들이 노리기에는 적당치 않다. 그런 종목은 더 큰 폭으로 하락한 후 반등을 노려야 한다.

3. 주가가 상승한 후 조정기에 들어간 급락 종목을 찾는다

상승추세를 이어오다 특별한 이유가 없음에도 불구하고 주변 악재의 분위기에 휩쓸린 종목이나 그간의 상승 피로감에 일시적인 조정으로 급락하는 종목을 찾는다. 이런 종목일수록 반등할 때 상승탄력이 크다.

4. 외국인투자자들이나 기관투자자들이 매수해온 종목이 반등도 크다

외국인투자자들이나 기관투자자들은 개인투자자들보다 정보력이나 자금력에서 앞서 있다. 따라서 이들이 매수하는 대부분의 종목은 기초체력이 튼튼한 안전한 종목이라 주가의 하락보다는 상승할 가능성이 높다.

필자의 경험에 의하면 이들은 주가가 급등한 후 조정기에 들어가 급락하면 하락하는 주가를 받아먹지 않고 대기하다가 지지점이나 재상승기에 다시 매수에 동참하는 패턴을 보인다. 그러므로 외국인투자자 및 기관투자자들이 매수하던 급락 종목은 반등폭도 클 뿐만 아니라 주가 상승 확률도 매우 높다.

5. 단기간에 급락한 종목을 찾아라

가능한 한 큰 폭으로 하락하는 종목을 찾되 단기간에 급락한 종목을 찾아야 높은 수익을 올릴 수 있다. 골이 깊으면 산도 높은 법이다.

매매포인트 찾는 법

이곳에 소개된 모든 기법들을 동원해 매매시점을 찾는 방법을 연구해 보고 스스로 매매타이밍을 잡아보자.

1. 반등시점 예측

〈그림 27〉의 아시아나항공은 코스닥 종목이지만 시세조정꾼들에 의해 주가가 휘둘리지 않는 안정된 종목 중의 하나이다. 오랜 기간 주가가 지속적인 상승을 했고 박스권을 돌파한 후 상승이 극에 달했지만 시장의 급락으로 동반 하락을 하고 있다. 지속적인 상승추세가 뚜렷한 종목이므로 주가가 추세선에 근접하는 A지점 근처에서 1차 반등할 것을 예상할 수도 있다.

하지만 A지점의 매물띠가 너무 빈약하므로 급락하는 주가가 반등할

그림 27 아시아나항공 일봉차트 및 매물대차트

잘 올라가던 주가가 이유없이 급락할 때는 일시적인 조정일 수 있으므로 매수로 임하되 매물띠, 추세, 꼭지점 지지 등 여러 지표를 파악한 뒤 매수에 임해야 한다.

지 의문이 든다. 그리고 A에서 반등했더라도 이전 저점(최초의 저항점으로 전제함)까지를 반등폭으로 상정할 수 있다. 이때 반등폭이 최대 7~8% 내외라는 점을 고려한다면 초단기투자가 아닌 이상 A지점을 매수시점으로 보는 것은 무리다.

그림 28 　아시아나항공 일봉차트 및 매물대차트

주가의 반등을 예측해보니 B지점의 매물띠가 길고 두터워 이 가격대에서 거래가 많았음을 알 수 있다. 그러므로 주가의 반등지점을 B지점으로 보는 것이 좋다.

더욱이 주가가 A지점에서 시원치 않은 반등을 하고 다시 추가 하락했다면 주가는 오랫동안 이어온 상승추세선을 돌파해 내려간 것이 된다. 따라서 추세선의 하향돌파는 약간의 반등은 있겠지만 하락의 시작을 의미하는 것이다. 좀 더 정확한 매물대를 확인하기 위해서 6개월, 12개월 등의 매물대차트를 검색해야 한다. 검색 결과 어떤 기간을 주어도 변하지 않고 긴 매물띠로 나타나는 가격대는 A와 B로 나타났다. 특히 B지점이 매우 길게 나타나 인상적이다. 이럴 때는 B지점을 가장 강력한 지지대로 판단하면 틀림없다.

2. 매수타이밍 파악과 매수 전략

B지점에 주가가 도달할 때쯤 반등을 예상하지만 정확한 타이밍은 당일 주가의 움직임을 보고 결정해야 한다. 피를 말리는 듯한 매매의 순간에 정확한 타이밍을 찾아내기는 쉽지 않지만 어느 정도 경험이 쌓인 상태에서 당일 분차트를 들여다보고 있으면 매수타이밍을 가슴으로 찾아낼 수 있을 것이다.

사실 느낌으로 매수타이밍을 찾아낸다는 것은 결코 쉬운 일이 아니다. 따라서 초보투자자들은 예상 반등시점을 정해놓고 그 가격대 부근에서 점증 분할 매수(1 : 2 : 3 또는 1 : 3 : 5)하는 것이 현명하다. 매수에 자신이 있다면 예상가격에서 주가가 양봉치는 날(일봉차트 바닥 꼭지에 양봉 형성) 매수타이밍을 잡거나 장 마감에 동시호가 매수하는(종가 매수) 것도 좋은 방법이다.

3. 바닥을 친 주가의 신호탄

필자의 경험에 의하면 주가가 바닥을 치고 반등했다는 신호는 꼬리 달린 양봉이나 꼬리 긴 양봉(빨간색)의 출현으로 알 수 있다. 양봉은 가능한 한 긴 양봉이 짧은 양봉보다 좋다. 계속 하락하던 주가가 양봉을 만들고 다음날도 양봉을 만들었다면 반등의 확신을 가질 수 있다. 따라서 너무 높은 가격이 아니라면 상승하는 주가에 편입하는 것도 좋은 전략이다.

간혹 어떤 종목은 첫째날 양봉을 보이고, 둘째날 음봉을 보였다가, 셋째날 양봉을 보이며 상승을 이어가는 경우도 있다. 이 경우 주가 상승을 당분간 이어갈 확률이 높다.

여기서 중요한 것은 둘째날 양봉이냐 음봉이냐가 아니라, 첫째날 양봉이 발생했을 때 그 지점이 분석했던 예상 반등지점과 일치하는지, 그리고 첫째날 나타난 양봉의 길이와 꼬리 유무(주가 탄력성) 등이 매수의 판단 요인이라는 것이다.

4. 매도타이밍 설정

주가가 반등할 때 매도타이밍은 주식을 매수하기 전에 이디 파악이 되어 있어야 한다. 아시아나항공의 매물대차트를 보면 4 250원대를 중심으로 긴 매물띠가 형성되어 있어 그 가격대를 지나려면 저항을 많이 받을 것이라는 예측을 할 수 있다. 따라서 추세를 이미 이탈한 주가는 원래의 추세로 돌아가리라는 확신이 없으므로 초보투자자라면 저항대 이전이나 저항대에서 매도하여 수익을 실현하는 것이 좋다.

하지만 워낙에 강한 상승을 이어가던 종목이고 조정을 받을 만큼 받고 1차 저항대에서 매물 소화를 거쳤다면 2차 저항선(5,290원)까지 상승할 수 있다고 보아야 한다. 참고로 프로들은 주가가 1차 저항선 도달하기 직전에 매도한 후 1차 저항선을 돌파한 후 재매수하여 2차 저항선 도달 직전에 다시 매도했을 것이다. 이러한 방법을 택하는 이유는 수수료를 조금 더 내더라도 위험을 줄이기 위함이다.

그림 29 아시아나항공 일봉차트

〈그림 30〉은 모나리자 일봉차트이다. 상승추세를 이어가던 주가가 급락하면서 추세선에 근접해 있다. 현재 단기로는 고점 대비 25% 하락한 상태로 급락에 따른 반등이 멀지 않아 보인다.

그림 30 모나리자 일봉차트 및 매물대차트

주가가 급락하고 있지만 꼭지점 지지·저항, 매물띠, 추세선 지지 등이 겹쳐지는 포인트가 있다면 확실성을 높여주므로 주가 반등을 기대하고 매수해볼 만하다.

우선 차트를 분석해보면 주가가 추세선에 근접해오고 있어 추세선을 지지점으로 반등이 가능해 보인다. 매물대차트의 지지선도 1,600원 정도에서 반등이 가능함을 암시하고 있다. 그리고 꼭지점 지지·저항으로 본 지지점도 반등시점과 거의 일치하고 있다. 필자의 경험에 의하면 아주 강한 종목은 하락할 때 꼭지점 끝(a, b)에서 반등하기도 하지만, 약한 종목은 꼭지점보다 조금 더 내려간 가격대에서 반등하는 것이 보통이며 더 흔하다.

추세는 대략적인 주가의 흐름을 알아보는 것으로 주가의 심리적 지지가 되기도 하지만 정확한 반등시점을 잡기는 힘들다. 그리고 매물대는 가격대별 거래량의 정확한 분포이므로 지지·저항의 정확도가 매우 높다. 특히 긴 막대들이 위치한 가격대의 정확한 분석과 판단이 필요하다.

〈그림 31〉의 STX엔진 일봉차트는 외국인투자자들의 매수에 힘 입어 주가가 3개월 만에 5,000원에서 14,000원으로 220% 급등한 상태다. 아직 추세가 무너지지 않았지만 한 번도 긴 장대양봉을 보이지 않던 주가가 긴 장대양봉을 출현시켜 추세가 무너질 가능성을 높였다.

긴 장대양봉이 매물대차트 A지점에 걸쳐 있지만 그 아래는 이가 빠져 있어 불안한 상태다. 이런 경우는 조정이 있을 수 있다고 판단해야 한다. 하지만 이런 종목은 조정을 받아도 곧 회복되는 경우가 일반적이다. 만일 일시적인 급락이었다면 저점에서 매수하는 것도 좋아보인다.

좀 더 분석해보니 외국인투자자들이 좋아하는 종목이라 3월 11일 고점까지 외국인투자자들이 많이 매수했고, 11,700원에 74단 주 다량 매수가 되어 있어 주가가 일시적 하락하더라도 곧 회복할 것이라는 결론이 나온다. 이런 상황에서 주가가 급락한다면 확실한 기회로 삼아야 한다.

그림 31 STX엔진 일봉차트 및 매물대차트

| 종목별매매동향 | 한도소진율상위 | 기간별매매상위 | 연속 |

077970 [신]STX엔진 일자: 2005/08/20

일자	주가	전일대비	거래량	변동수량	보유비중
2005/03/14	12,800 ▼	300	362,301	+9,470	9.15
2005/03/11	13,100 ▲	50	696,884	+125,942	9.10
2005/03/10	13,050 ▲	750	1,813,720	+138,000	8.56
2005/03/09	12,300 ▲	400	977,514	-125,942	7.91
2005/03/08	11,900 ▲	150	1,809,101	+97,050	8.51
2005/03/07	11,750 ⬆	1,500	2,180,726	+743,550	8.05
2005/03/04	10,250 ▼	50	508,984	+20,000	4.54
2005/03/03	10,300	0	447,543	0	4.44
2005/03/02	10,300 ▲	200	393,982	+29,678	4.44
2005/02/28	10,100 ▲	100	452,592	+31,670	4.30
2005/02/25	10,000 ▲	100	830,446	0	4.15
2005/02/24	9,900 ▲	1,000	1,281,668	-247,920	4.15
2005/02/23	8,900 ▼	200	536,132	-9,670	5.32
2005/02/22	9,100 ▼	340	349,954	+85,000	5.37
2005/02/21	9,440 ▼	360	694,660	+261,884	4.97

STX엔진 일봉차트 그림 32

5분 7분 일 주 종 일 ⚙

LC:497,
HC:-16,
14,100 (03/10) →

최저 1,965 (08/09)

2월 21일부터 3월 14일 사이의
외국인투자자들의 매수일 표시

거래량
683,071주(188.54%)

2004/08 09 10 11 12 2005/01 02 03 03/15

외국인투자자들이 집중 매수하는 종목은 결국 오르기 때문에 매매동향을 매매타이밍과 연결하자.

184

차트를 좀 더 분석하여 주가가 급락했을 때 반등지점을 알아보자. 주가가 워낙 급등하여 단기추세선을 그으면 각도가 60도 이상 되기 때문에 신뢰하기 힘들다. 매물대차트를 분석해보면 B지점에서 반등이 점쳐진다. 다음 지지점은 C지점이지만 외국인투자자들이 하락하는 것을 방관만 하지 않을 것이다. 따라서 반등 가능한 가격대는 10,000원부터 9,300원 사이라 예상된다.

앞서 바닥 부근에서 점증 분할 매수하거나 일괄매수하려면 바닥 반등 시점의 양봉을 매수신호로 삼으라고 설명했었다. 더욱이 급락하는 와중에도 외국인투자자들이 일부를 매수했고(3월 18일/금/장대음봉/57,000주 매수), 바닥 양봉 반등날도 많은 주식을 사고 있다면(3월 21일/월/37,300주 매수) 반등은 확실한 것이라 믿어도 된다. 이럴 땐 무조건 사야 한다. 현재가창에서 외국인투자자들이 매수하는 것을 보면 주식투자자들은 이럴 때 가슴으로 타이밍을 느끼게 된다. 만약 정해진 규칙대로 매수했다면 아마 한 달에 20~30%의 수익을 챙겼을 것이다.

개인투자자들은 주가가 많이 오른 종목에 대해서 적극 매수하기보다는 피하려고 한다. 아무 고점에나 매수해도 안 되겠지만 고가를 만들어버린 여러 상황을 분석해보면 고가가 저가로 느껴질 수 있다. 참고로 필자의 경험에 의하면 주식투자는 한없이 쪼그라드는 종목보다 뛰는 종목을 사는 것이 수익률이 높았다.

끝으로 면밀히 분석한 후 주식을 매수했더라도 주가가 반등하려다 지지대를 돌파해 하락한다면 한 동안 큰 폭의 추가하락으로 이어질 수 있다. 따라서 즉시 손절매하겠다는 마음가짐을 가지기 바란다. 손절매는 주식투자의 성공을 좌우하는 힘임을 잊지 말자.

그림 33 STX엔진 매물대차트와 일봉차트

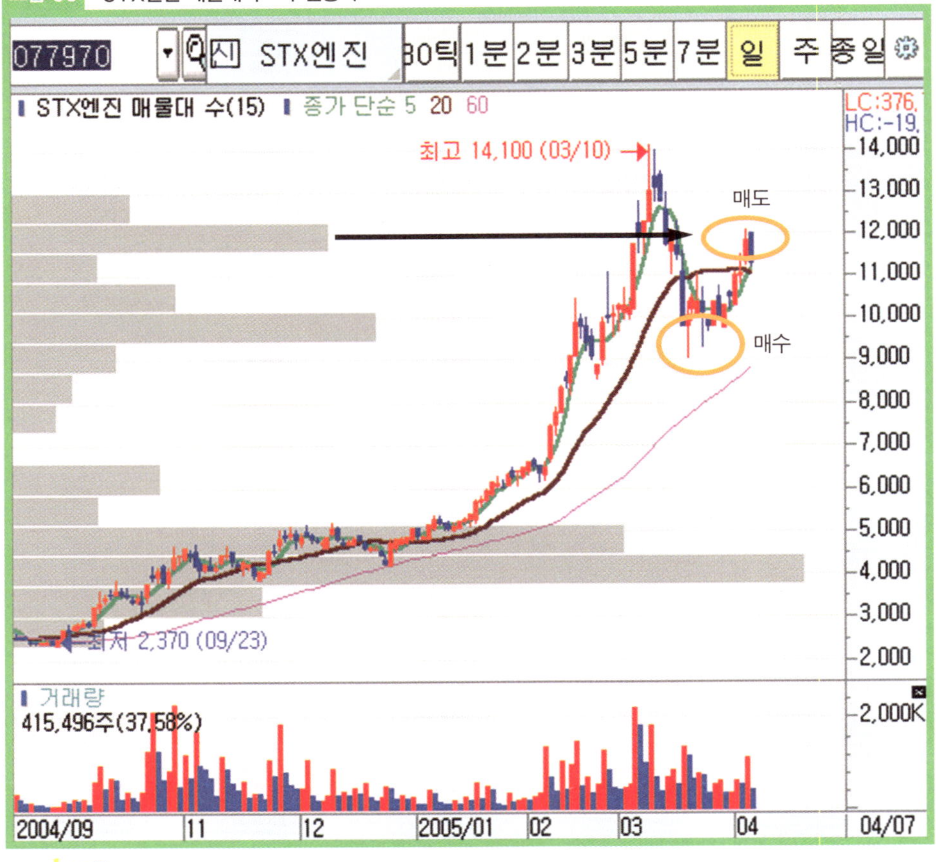

매물띠가 길고 두텁다면 그 가격대에서 주가는 반등할 가능성이 높다. 게다가 정보에 정통한 외국인투자자들이 매수를 하고 있다면 주가가 다시 상승할 것이라는 확신을 가지고 매수해도 좋다.

단기매매 요령

초보투자자도 주식투자에 조금 익숙해지면 단기매매타이밍(단기 추세돌파)으로도 수익을 실현시켜야 한다. 급락 받아먹기 매매와 같이 장기투자타이밍이 아닌 이상 단기매매해도 수익을 낼 수 있다.

필자는 직업적인 투자자이기 때문에 이런 단기매매를 가장 선호한다. 어떤 분들은 단기매매하면 초단기매매만 생각하는데 시장이 좋을 때는 중·장기는 아니더라도 단타나 단기매매도 좋다. 단타란 최소 일주일에서 한 달 정도의 기간에 이루어지는 매매를 뜻한다. 이런 매매는 아주 짧은 기간에 큰 수익을 올릴 수 있으면서 리스크도 줄일 수 있다. 목표수익이 얼마냐에 따라 다르지만 10~20% 정도로 생각한다면 단기매매도 괜찮은 방법이라고 생각한다. 다음은 단기매매 요령이다.

1. 매도할 목표주가를 정할 것

일단 단기매매를 목표로 매수하면 미리 지지·저항대를 파악해 목표주가를 정하자. 그리고 주가가 일봉추세선에 근접할 때 매도하자.

2. 주가의 흐름이 예상과 다르면 즉시 매도할 것

주변 경제에 악재가 발생하거나 주가의 흐름이 예상과 다를 때는 즉시 손절매하겠다는 원칙을 세우고 돌발상황이 발생하면 바로 실행한다.

3. 욕심을 줄일 것

제대로 매수하여 충분히 수익이 났음에도 불구하고 한 번에 큰 수익을 내려고 매도를 주저하거나 최고가에 팔겠다고 고집을 피우는 사람이 있다. 지나친 욕심은 결국 나를 망치고 투자를 실패로 이끈다.

4. 이전 주가는 잊어 버릴 것

초보투자자들이 실수하는 대표적인 유형 중 하나가 과거의 고점가격을 잊지 못하고 주식을 팔지 않는 경우다. 이 때는 수익은커녕 주가가 원점으로 되돌아가거나 더 나쁘면 손실까지 보게 된다. 단기매매할 때는 이전 가격은 잊어버리고 현재의 주가에 충실해야 한다. 조금이라도 이익이 있다면 날아가기 전에 챙기고 볼 일이다.

5. 조금 덜 먹고 먼저 팔고 나올 것

매수 당시 목표가를 정했다면 주가가 목표가에 미치기 전에 팔려고 노력하자. 내가 알고 있는 매도시점은 남들도 알고 있다. 그렇기 때문에 그 지점에 주가가 도달하면 매도 물량의 폭주로 팔 수 없는 경우가 생긴다. 초보투자자들은 목표한 매도가에 이르기 전에 조금 덜 먹더라도 먼저 팔고 수익을 실현시키자.

6. 우선순위로 매도 주문을 낼 것

일일 주가등락은 ±15% 정도에서 움직인다. 그러므로 하루이틀 동안에도 15% 정도의 수익을 실현할 수 있다. 만약 단기투자 목표가가 위와 같다면 매일 전일다비 고가(+10%~15%)에 매도량을 점점 증가시키면서 개장과 함께 매도 주문을 넣자. 가능하다면 증권사 거래프로그램으로 전날 예약을 해놓자(최우선 주문 접수됨). 어쩌면 주가가 갑자기 급등하여 출렁거리다 고가에 매도될 수도 있다. 요행을 바라는 것일 수 있지만 주가 전환기에는 주가가 급등락하는 경우가 많으므로 이를 최대한 이용하자는 전략이다. 필자의 경우 열 번 중 세 번 정도는 몇 일 만에 목표수익을 내고 빠질 수 있었다.

만약 체결이 안 되었다면 다음날 똑같은 주문을 넣자. 밑져야 본전이지만 수일간

이 일을 반복하면 단기간에 남부러운 수익을 낼 수 있을지도 모른다. 단, 주의할 점은 매도 물량은 꼭 호가가 높아질수록 물량을 증가시키는 점증법을 써야 가장 고가에 팔고 나올 수 있다. 만약 꼭 매도할 상황이 아니라면 매도되고 남은 매물은 억지로 팔지 말고 다음날 똑같은 방법으로 시도하면 된다.

7. 방망이는 가능한 한 짧게 잡을 것

단기매매의 목표수익은 보통 10~15%로 잡아야 한다. 어차피 단타는 지속적인 주가 상승을 점칠 수 없을 때 하는 방법이므로 방망이을 짧게 잡을수록 유리하다. 단타로 이룩한 수익도 쌓이고 쌓이면 장타 부럽지 않다.

8. 강한 장세에서 강한 종목만을 목표로 할 것

오르는 종목은 계속 오르려 하고, 내리는 종목은 더 내리려 하는 것이 주식의 생리다. 따라서 위험을 줄이고 수익을 올리기 위해서는 강한 종목을 사야 한다.

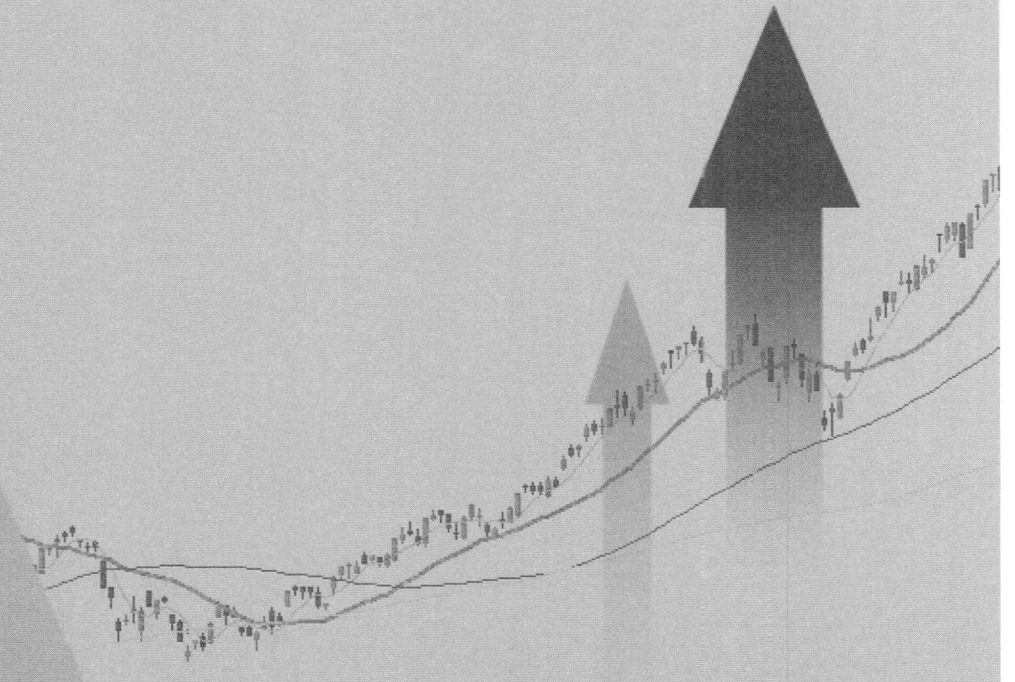

5

초보투자자를 위한
돈 버는 주식투자 기술

외국인투자자 따라잡기

1. 외국인투자자를 추적하자

외국인투자자를 추적한다는 뜻은 그들의 매매동향을 파악하여 매매신호로 삼는 것을 말한다. 우리 증권시장의 흐름을 살펴보면 외국인투자자들의 영향력이 갈수록 커져 증시의 향방을 좌우하고 있다. 필자의 기억이 틀리지 않다면 이들이 집중 매도할 때 주가가 올라주었던 적이 거의 없으며, 반대로 집중 매수할 때 주가가 내렸던 적도 거의 없다.

외국인투자자들의 자금력과 정보력은 일반인들이 상상하는 것 이상으로 엄청나기 때문에 그들이 매매를 시도하면 주가는 움직일 수밖에 없다. 그리고 그들이 매수할 때는 대량으로 매수하기 때문에 매수세는 단기간에 끝나지 않고 오랫동안 지속되는 것이 특징이다. 따라서 정보력과 자금력이 열악한 일반투자자들은 외국인투자자 추적매매법을 활용한다면 손해가 없을 것이다. 이 방법은 상승추세장에서 아주 정확히 매매타이밍을 잡아낼 수 있는데 초보투자자들은 훌륭한 증권분석가를 옆에 둔 것 같은 효과를 볼 수 있다. 특히 특별한 매매기법이 없는 초보투자자일수록 다른 기법보다 활용하기 수월해 수익내기가 좋다. 그러면 외국인투자자들의 특성부터 면밀히 검토해보자.

2. 외국인투자자들의 매매 특성

외국인투자자들의 매매특성을 몇 가지로 요약해 보면 첫째, 우량 대형주, 실적 좋은 종목, 확실한 정보가 있는 종목들을 선호한다. 다시 말하면 이들이 선택하는 종목은 망하지 않을 주식들이다.

둘째, 한번 사면 오랫동안 나누어 사며, 결코 대량 매수하여 주가를 올리지는 않는다. 주가를 많이 올리지 않고 많은 양을 저가매수, 고가매도 하려면 조금씩 매매할 수밖에 없다. 일반투자자들이 이들을 조금 늦게 따라잡아도 고가매수가 아니라면 수익을 내고 빠져나올 수 있다.

셋째, 바닥을 찍지 않은 주식은 매수하지 않는다. 외국인투자자들이 매수하는 종목을 분석해보면 대부분 차트 모양이 좋은 형태를 이루고 있다. 이들은 하락추세를 이어가는 종목을 추격매수하지 않고, 바닥에서부터 사서 꼭대기까지 끌고 가지 않는다. 이들은 차트의 모양이 어느 정도 갖춰져야만 그때 비로소 매수에 나선다. 그러므로 이 추적매매법은 저가 바닥매수보다는 약간은 고점매수 · 고가매도법이 된다.

넷째, 일반적으로 주가를 지지하기 위해 계속 사지 않고 반등할 때 재매수한다. 하락하는 주가를 매집하면 다른 투자자들이 주가가 버틴다는 기대감을 갖게 돼 결국 매도하지 않아 주가가 더 이상 떨어지지 않게 된다. 이런 경우라면 오히려 자기 매물을 파는 시늉이라도 해야만 주가가 계속 하락한다. 그리고 하락할 만큼 하락하면 매도세력이 줄게 되며, 반등할 때 재매수하면 매수세 우위로 주가는 쉽게 올라가게 된다.

다섯째, 될 만한 종목, 이미 매집해 놓은 종목이 고점을 돌파하더라도 고가매수를 두려워하지 않는다.

여섯째, 외국인투자자들은 차트 분석매매를 주로 한다. 이들은 절대 차트 모양이 안 좋은 종목은 건드리지 않으며, 지지 · 저항대를 정확히 파악하여 적절한 기법을 구사한다.

3. 외국인투자자들이 매수하면 주가는 오른다

언제부터인가 외국인투자자들은 주식시장의 대장노릇을 하고 있다. 그래서 그들이 사 모으는 종목은 주가가 오르는 경우가 허다하고 반대로 파는 종목은 하락을 피할 수 없다. 초보투자자들이 실패를 줄이려면 이들의 매매현황부터 파악하는 것이 현명하다.

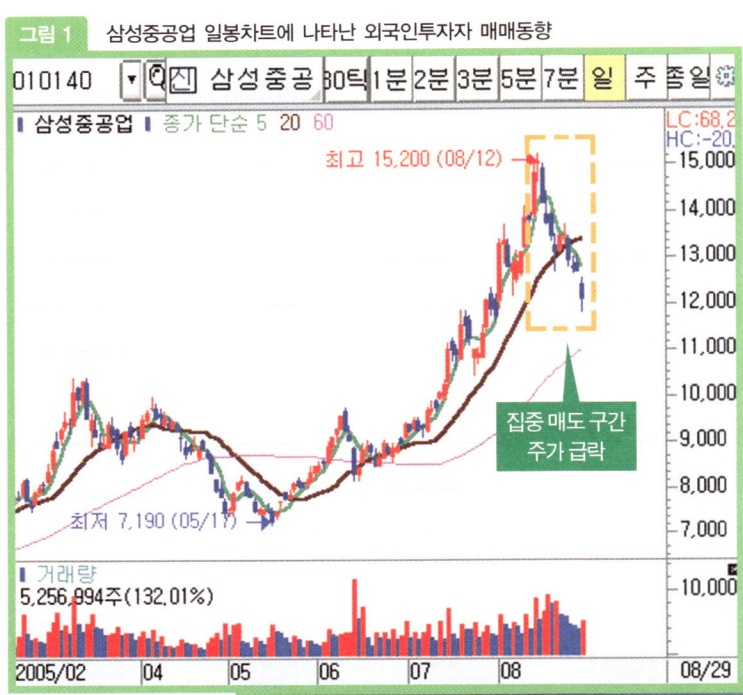

그림 1 삼성중공업 일봉차트에 나타난 외국인투자자 매매동향

010140 ▼ 신 삼성중공 30틱 1분 2분 3분 5분 7분 **일** 주 좀일

■ 삼성중공업 ■ 종가 단순 5 **20** 60

LC:68,2
HC:-20,

최고 15,200 (08/12)

최저 7,190 (05/17)

집중 매도 구간
주가 급락

거래량
5,256,994주(132.01%)

2005/02 | 04 | 05 | 06 | 07 | 08 | 08/29

[0240] 외국인정보 - 종목별매매동향

종목별매매동향 | 한도소진율상위 | 기간별매매상위 | 연속순매매상위 | 한도소진

010140 ▼ 🔍 신 삼성중공업   일자: 2005/09/02 🗓

일자	주가	전일대비	거래량	변동수량	보유비중	보유주식수
2005/08/29	12,100 ▼	600	5,256,994	-493,980	37.65	86,918,355
2005/08/26	12,700 ▼	50	3,982,175	-673,270	37.86	87,412,335
2005/08/25	12,750 ▼	200	4,321,589	-665,690	38.15	88,085,605
2005/08/24	12,950 ▼	500	4,550,331	-383,530	38.44	88,751,295
2005/08/23	13,450	0	5,774,662	-965,585	38.61	89,134,825
2005/08/22	13,450 ▲	350	6,077,740	-979,200	39.03	90,100,410
2005/08/19	13,100 ▲	350	8,254,051	-2,036,260	39.45	91,079,610
2005/08/18	13,450 ▼	300	7,968,968	-1,291,551	40.33	93,115,870
2005/08/17	13,750 ▼	400	9,129,009	-3,507,250	40.89	94,407,421
2005/08/16	14,150 ▼	900	6,627,577	-2,732,595	42.41	97,914,671
2005/08/12	15,050 ▲	250	5,342,693	-426,250	43.60	100,647,266
2005/08/11	14,800 ▲	1,000	8,607,469	+492,810	43.78	101,073,516
2005/08/10	13,800 ▼	50	3,770,617	+138,660	43.57	100,580,706
2005/08/09	13,850 ▲	750	6,097,299	+795,630	43.51	100,442,046
2005/08/08	13,100 ▲	200	3,094,841	+175,560	43.16	99,646,416

우선 종목별, 일자별 매수나 매도상황을 파악해보자. 그리고 지금까지 배운 차트 분석방법 등을 동원해 분석해보고, 매수 날짜와 차트 형태를 비교해보자. 외국인투자자들이 산다면 따라 붙고, 차트 모양을 갖춰가는 종목이라도 매수를 고려하는 것이 좋다.

만약 외국인투자자들이 매수하는데도 주가가 떨어진다면 그 종목은 이들이 매수세에 나선 것이 아니거나 시장 상황이 여의치 않아 하락추세에 끼여든 것으로 생각하면 된다. 그렇지 않으면 중·대형주가 아닌 종목을 건드려 주가가 정석대로 움직이지 않는 것이라 보면 된다. 하지만 이들이 중·대형주를 잘못 건드려 손해보고 물러나는 확률은 10% 내외밖에는 안 된다.

외국인투자자들이 선택하는 종목은 대부분 과거에 샀던 종목을 다시 사는 경우가 많기 때문에 일반투자자들이 찾아내는 데 그리 어렵지 않다. 외국인투자자들이 매매하는 종목들을 찾았다면 우선 이 종도에 대해 과거 이들이 벌였던 매매와 주가의 등락과의 관계를 일봉차트에 표시해보자. 그러면 적절한 매매타이밍을 잡을 수 있을 것이다.

ㄴ. 외국인투자자들의 매수와 주가 상승의 연관성 사례 분석

차트에 그려진 검정색 수직선은 매수, 파란색 수직선은 매도, 진한 선은 100만 주 이상의 매수와 매도를 나타낸다.

그림 2 삼성중공업 일봉차트

사례 1) 삼성중공업

차트를 보면 저가에서는 검은색 수직선이, 고가에서는 파란색 수직선이 많이 나타나는 것을 볼 수 있다. 이것은 외국인투자자들이 저가에서 적극 매수했고, 고가에서 차익을 실현했음을 알려준다. 따라서 우리가 흔히 알고 있던 '외국인투자자들은 장기투자만 한다'는 속설을 무색케 한다. 차트상으로 이들은 매수 후 3개월 이내라도 수익을 실현하고 있다.

삼성중공업 일봉차트와 일자별 외국인투자자 매수일

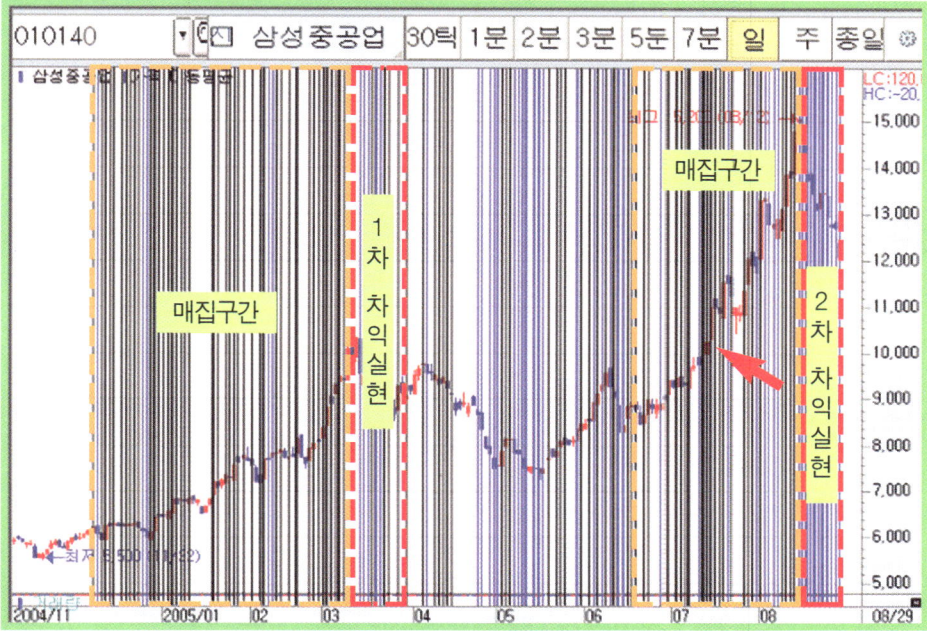

검정색 수직선은 외국인투자자 매수일, 파란색 수직선은 매도일을 나타냄. 5만 주 이상 표시함.

외국인투자자 매수구간은 주가가 올랐고, 매도구간은 내린 것이 확연히 나타난다.
고점돌파시 매수량을 늘려 돌파매매를 성공시켰고, 최소한 30~40%의 수익을 실현시켰다.
차트를 보면 매집자가 있는 것으로 보여지며 그들이 다시 매수할 때 따라 사거나,
고점돌파시 매수하면 초보투자자도 어렵지 않게 성공할 수 있을 것으로 판단된다.

외국인투자자 추적하기를 할 때 한 가지 주의할 점은 외국인창구에서
체결된 매수량을 전부 믿으면 안 된다. 일반투자자들이 외국인투자자들
의 매수를 따라한다는 것을 알고 이를 노리는 가짜들(검은 머리 외국인)
의 활동도 매우 활발하다.

'외국인투자자들은 단기매매를 잘 안 한다'는 속설을 그대로 받아들
인다면 이 차트에 나타난 매수자들도 '검은 머리 외국인'일 가능성이 크

그림 4 외국인투자자들의 삼성중공업 매매동향

[0240] 외국인정보 - 종목별매매동향

종목별매매동향 | 한도소진율상위 | 기간별매매상위 | 연속순매매상위 | 한도소진율증가상위 | 외국인일별거래동향

010140 ▼ 🔍 삼성중공업   일자: 2005/09/01   차트 조회 다음

일자	주가	전일대비	거래량	변동수량	보유비중	보유주식수	취득가능주식수	외국인한도	한도소진율
2005/08/29	12,100 ▼	600	5,256,994	-493,980	37.65	86,918,355	143,946,676	230,865,031	37.65%
2005/08/26	12,700 ▼	50	3,982,175	-673,270	37.86	87,412,335	143,452,696	230,865,031	37.86%
2005/08/25	12,750 ▼	200	4,321,589	-665,690	38.15	88,085,605	142,779,426	230,865,031	38.15%
2005/08/24	12,950 ▼	500	4,550,331	-383,530	38.44	88,751,295	142,113,736	230,865,031	38.44%
2005/08/23	13,450	0	5,774,662	-965,585	38.61	89,134,825	141,730,206	230,865,031	38.61%
2005/08/22	13,450 ▲	350	6,077,740	-979,200	39.03	90,100,410	140,764,621	230,865,031	39.03%
2005/08/19	13,100 ▼	350	8,254,051	-2,036,260	39.45	91,079,610	139,785,421	230,865,031	39.45%
2005/08/18	13,450 ▼	300	7,968,968	-1,291,551	40.33	93,115,870	137,749,161	230,865,031	40.33%
2005/08/17	13,750 ▼	400	9,129,009	-3,507,250	40.89	94,407,421	136,457,610	230,865,031	40.89%
2005/08/16	14,150 ▼	900	6,627,577	-2,732,595	42.41	97,914,671	132,950,360	230,865,031	42.41%
2005/08/12	15,050 ▲	250	5,342,693	-426,250	43.60	100,647,266	130,217,765	230,865,031	43.60%
2005/08/11	14,800 ▲	1,000	8,607,469	-492,810	43.	101,073,516	129,791,515	230,865,031	43.78%
2005/08/10	13,800 ▼	50	3,770,617	+138,660	43.57	130,284,325	230,865,031	43.57%	
2005/08/09	13,850 ▲	750	6,097,299	+795,630	43.51	100,442,046	130,422,985	230,865,031	43.51%
2005/08/08	13,100 ▲	200	3,094,841	+175,560	43.16	99,646,416	131,218,615	230,865,031	43.16%

2차 차익실현

외국인투자자들이 집중 매수하면 주가는 상승하고,
집중 매도하면 하락함을 보여주는 차트다. 가짜 외국인 매수도 있지만 그래도 주가는 오른다.

다. 이들의 거래상황을 꾸준히 지켜보면 진정한 외국인투자자들의 매수
인지 매집을 위한 매수인지 알 수 있다.

하지만 일반투자자로서는 검은 머리건 노랑 머리건 어차피 주가가 오
를 가능성이 높기 때문에 별 상관 없다. 단지 검은 머리들의 의도된 매수
였다면 주가가 올라도 오래가지 않는다는 것만 기억해두면 된다.

결론적으로 이 차트들은 외국인투자자들이 매수하면 주가가 오른다는
것을 보여주는 분석차트이다. 여러분도 주식을 매수하기 전에 차트에 외
국인투자자들의 일별 매매현황을 분석한다면 매수타이밍이나 매도타이
밍을 쉽게 잡아낼 수 있을 것이다. 필자는 이보다 확실성 높은 매매법은

200

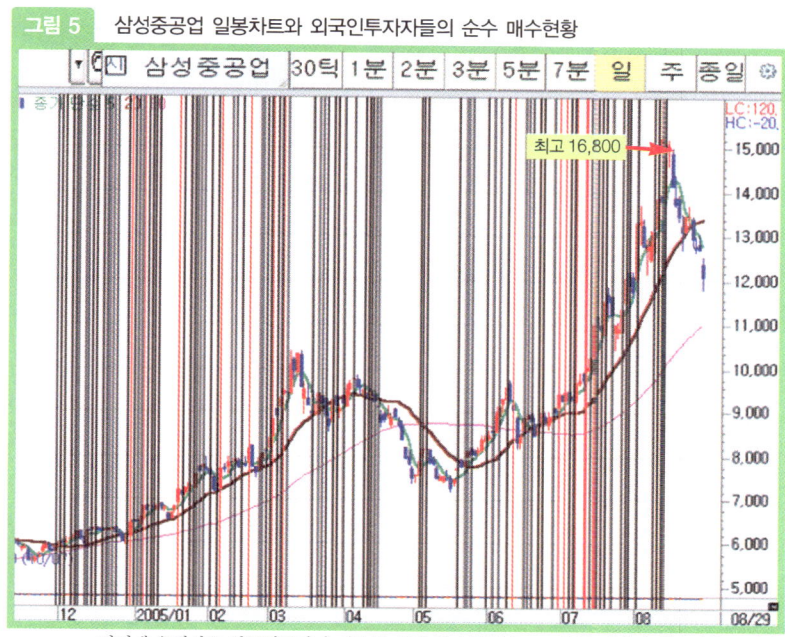

그림 5 삼성중공업 일봉차트와 외국인투자자들의 순수 매수현황

검정색 수직선은 외국인투자자 매수일, 빨강색 수직선은 100만 주 이상의 대수일을 표시함.

별로 없다고 생각하며 적극 추천하는 바이다. 기관투자자 추적하기도 역시 같은 방법으로 진행하면 좋은 결과를 얻을 수 있을 것이다.

〈그림 5〉는 매수현황만을 따로 표시한 것이다. 이 방법은 외국인투자자들이 매매를 시작했는지, 했다면 일시적인지 등을 얼마나 잘 파악하느냐가 관건이다. 또한 늘 같은 매매패턴을 유지하는 종목을 골라내어 외국인투자자들의 매매패턴을 찾아내고 활용한다면 더 큰 수익을 보장해 줄 것이다.

사례 2) 코리아나

외국인투자자들은 저가주 매수를 잘 하지 않는 것이 보통인데, 코리아나의 경우 6월부터 매수가 조금씩 시작되더니 7월 초에는 비교적 대량 매수한 것도 보인다. 한 집단이 매수하고 있다면 매집가는 1,700원 정도에서 2,000원 사이다. 조회해보면 외국인투자자 매수로 나오지만 진짜인지 의심이 간다. 앞서 말했듯이 외국인투자자를 가장한 검은 머리든 노랑 머리든 주의하되 두려워할 필요는 없다. 어떠한 세력들이 매집하든 오르는 종목들은 차트 모양을 갖춰갈 것이다. 만약 차트 모양이 갖춰지지 않는다면 그 종목은 상승하기까지 아직 시간이 필요하다고 판단하면 된다.

그림에서 알 수 있듯이 코리아나의 차트 모양은 서서히 갖춰지고 있다. 주봉과 일봉추세선이 일치하고 주가는 이미 주봉추세선을 돌파한 상태다. 게다가 외국인투자자들의 매수가 이어지고 있으므로 관련 상황도 호의적이라 볼 수 있다. 2005년 들어 종합주가지수가 많이 올랐는데 이 종목은 오히려 하락했다. 초보투자자라면 먼저 이 종목에 대한 뉴스를 검색해 악재가 모두 사라졌는지 알아보아야 한다. 물론 매수세력들이 정확한 정보를 알고 먼저 덤벼들었겠지만 좀 더 확실한 믿음을 위해서는 뉴스 분석부터 시작해보자.

그 다음은 차트 분석을 통해 가능성을 검토해보자. 앞서 배웠듯이 차트 모양을 보아서는 주가가 저항선(A)을 돌파하면 돌파매매가 되어 상승할 것이라고 예측할 수 있다. 뉴스 분석으로 확신이 있다면 추세돌파 후 눌림목에서 매수하는 것이 가장 좋겠지만, 외국인투자자들이 사는 것이 아

그림 6   외국인투자자들의 코리아나 매수동향

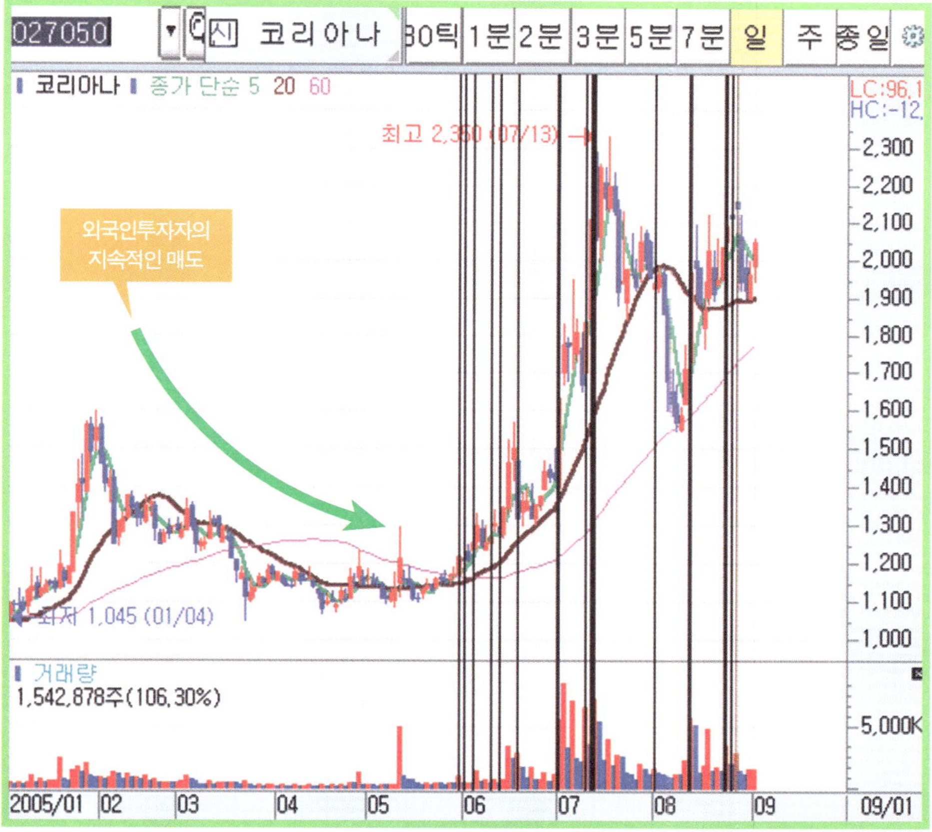

| 027050 | ▼Ⓒ진 | 코리아나 | 30틱 | 1분 | 2분 | 3분 | 5분 | 7분 | 일 | 주 | 종 일 | ⚙ |

▌코리아나 ▌종가 단순 5 20 60   LC:96,1
                                                                              HC:-12,

최고 2,350 (07/13) →

외국인투자자의
지속적인 매도

─ 2,300
─ 2,200
─ 2,100
─ 2,000
─ 1,900
─ 1,800
─ 1,700
─ 1,600
─ 1,500
─ 1,400
─ 1,300
─ 1,200
─ 1,100
─ 1,000

최저 1,045 (01/04)

▌거래량
1,542,878주(106,30%)

─ 5,000K

| 2005/01 | 02 | 03 | 04 | 05 | 06 | 07 | 08 | 09 | 09/01 |

검정색 수직선은 외국인투자자 매수일(진한 수직선은 대량 매수)

5월 말까지 매도세로 일관된 주가가 하락추세를 돌파한 후 상승추세로 돌아서자
외국인투자자들의 매수가 시작되었다.

니라면 고점을 돌파하지 못할 수도 있다. 그리고 돌파했다고 하더라도 주
가가 언제 꺾일지 모른다.

만약 그런 두려움 때문에 매매를 주저한다면 주가가 고점을 돌파할 때
돌파매수하자. 그것이 가장 안전한 타이밍이다. 모든 것이 미심쩍다면 적
당한 수익을 실현하고, 매수 기회가 오기를 기다리는 것도 초보투자자에

그림 7   코리아나 주봉차트

게는 좋은 전략이다. 그리고 돌파매매를 하기 전에는 반드시 주가가 어디까지 상승할지 미리 분석해두고 매수에 임해야만 상황이 변하더라도 크게 당황하지 않는다.

매수를 해놓고 보니 바로 위가 저항점이라 불안하고 초조한 시간을 보낼지 모른다. 이때는 매물대차트의 매물띠나 지지·저항 기법을 활용하여 최대 상승폭과 최소 상승폭을 계산한다면 후에 당황하지 않으며, 좋은 수익도 기대할 수 있을 것이다.

사례 3) 기아차

최근 기아차에 대한 외국인투자자들의 매매동향이다. 종합주가지수가 조정을 받았음에도 불구하고 주가는 굽힐 줄 모르는 곧곧함을 보이고 있다. 이전 고점을 돌파한 후 1백만 주 이상의 매도 물량 출현으로 돌파매매에 실패했지만 연구대상 종목이다.

이 종목은 외국인투자자들의 매수와 매도가 끊이지 않는 종목으로 매수·매도 세력이 각각 존재하는 것으로 보인다. 같은 행동을 취하는 그룹이 합쳐져 같은 매매를 하면 위력적이겠지만 그렇지 않은 상황이다.

차트를 분석해보면 주가가 고점을 돌파한 뒤 더 오를 수 있음에도 어떤 그룹은 차익을 실현하고 있다. 그리고 어떤 그룹은 고점을 찍고 내려오는데도 고점매수를 계속하고 있다. 더 두고 봐야겠지만 만일 이 종목을 거래하는 임의의 그룹 A, B, C 중에서 A와 B가 매수하는 그룹이고 C가 차익

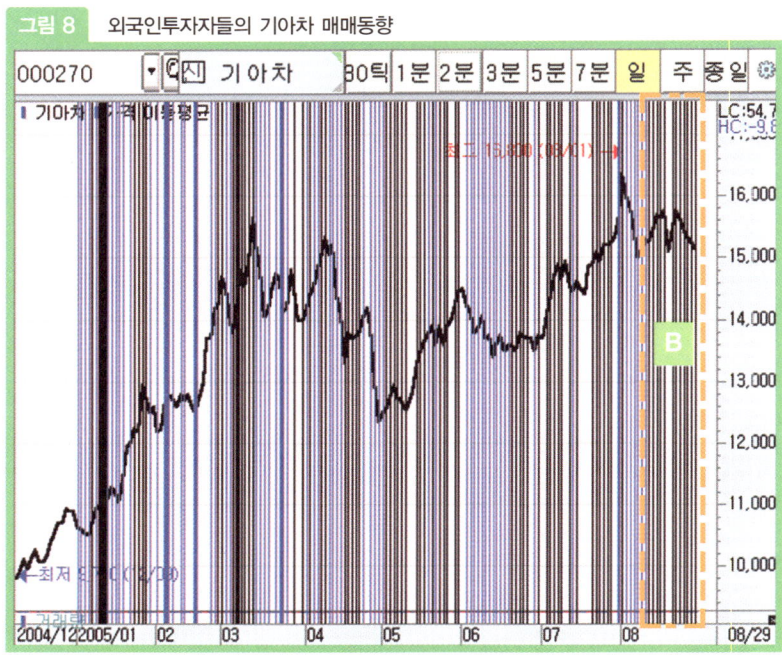

그림 8 　외국인투자자들의 기아차 매매동향

검정색 수직선은 외국인투자자 매도일, 검정색 수직선은 매수일

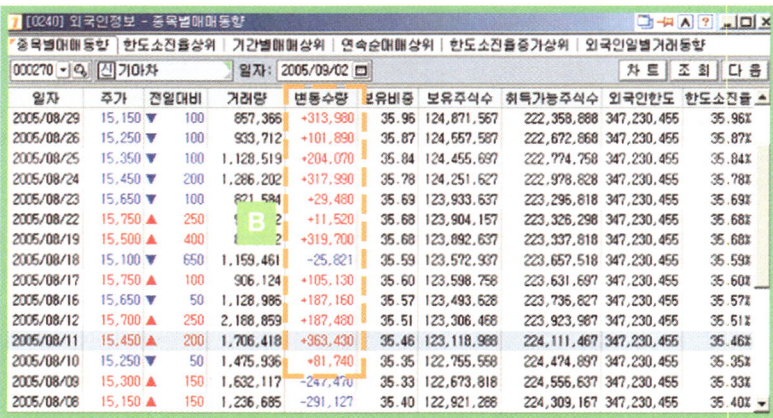

일자	주가	전일대비	거래량	변동수량	보유비중	보유주식수	취득가능주식수	외국인한도	한도소진율 ▲
2005/08/29	15,150 ▼	100	857,366	+313,980	35.96	124,871,567	222,358,888	347,230,455	35.96%
2005/08/26	15,250 ▼	100	933,712	+101,890	35.87	124,557,587	222,672,868	347,230,455	35.87%
2005/08/25	15,350 ▼	100	1,128,519	+204,070	35.84	124,455,697	222,774,758	347,230,455	35.84%
2005/08/24	15,450 ▼	200	1,286,202	+317,990	35.78	124,251,627	222,978,828	347,230,455	35.78%
2005/08/23	15,650 ▼	100	821,584	+29,480	35.69	123,933,637	223,296,818	347,230,455	35.69%
2005/08/22	15,750 ▲	250	2	+11,520	35.68	123,904,157	223,326,298	347,230,455	35.68%
2005/08/19	15,500 ▲	400	2	+319,700	35.68	123,892,637	223,337,818	347,230,455	35.68%
2005/08/18	15,100 ▼	650	1,159,461	-25,821	35.59	123,572,937	223,657,518	347,230,455	35.59%
2005/08/17	15,750 ▲	100	906,431	+105,130	35.60	123,598,758	223,631,697	347,230,455	35.60%
2005/08/16	15,650 ▼	50	1,128,986	+187,160	35.57	123,493,628	223,736,827	347,230,455	35.57%
2005/08/12	15,700 ▲	250	2,188,859	+187,480	35.51	123,306,468	223,923,987	347,230,455	35.51%
2005/08/11	15,450 ▲	200	1,706,418	+363,430	35.46	123,118,988	224,111,467	347,230,455	35.46%
2005/08/10	15,250 ▼	50	1,475,936	+81,740	35.35	122,755,558	224,474,897	347,230,455	35.35%
2005/08/09	15,300 ▲	150	1,632,117	-247,470	35.33	122,673,818	224,556,637	347,230,455	35.33%
2005/08/08	15,150 ▲	150	1,236,685	-291,127	35.40	122,921,288	224,309,167	347,230,455	35.40%

외국인투자자들의 매수와 주가 상승이 일치하고 있다. 최근에 집중 매수가 되고 있어 주가가 고점저항선 돌파할 가능성이 높으므로 매수타이밍을 저항선 돌파시로 잡으면 정확하다. 위험은 있지만 돌파 전 매수도 고려할 수 있다.

실현하는 그룹이라면 C의 차익 실현이 끝나면 주가는 상승할 확률이 높다. 왜냐하면 A, B그룹은 상당히 높은 주가에서 매입한 상태지만 이들은 결코 손해보려 하지 않는 외국인투자자들이기 때문이다.

이때 매수타이밍은 주가의 향방이 아직 확실치 않고 횡보 중이므로 선취매보다는 주가의 움직임을 관찰하면서 이전 고점(16,800원)을 힘차게 뚫을 때로 잡는 것이 가장 이상적이다(단, 외국인투자자들의 매수세가 매우 강한 상황임을 전제로 함).

이런 대형주는 무엇보다도 전체 시장이 우호적이지 않으면 결코 주가가 오를 수 없음을 기억하자. 그리고 종목을 보기 전에 전체 주가의 악재부터 살피고 매매에 임하면 가장 이상적인 매매를 할 수 있다.

6

알아두면 돈 되는
주식투자 이야기

효율성 높은 실전준비법

1. 현재가창의 효율적 활용법

주식투자를 잘 하려면 주식을 사고 팔 때 꼭 보아야 할 것이 현재가창
과 분차트이다. 분차트는 하루동안 주가의 움직임을 분단위로 표시한 것
인데 당일 주가가 어떻게 움직였고, 지지·저항점은 어디인지 알 수 있
다. 물론 현재가창만으로도 지지·저항점을 파악할 수 있지만 이 두 가지
를 종합하면 가장 이상적인 매매타이밍을 잡을 수 있다.

현재가창에 나오는 호가는 9호가로 매수·매도호가가 나오지만 얼마
전까지만 해도 3호가씩만 보여져 상황을 파악하기 어려웠던 때도 있었
다. 지금은 동시호가 매매시에만 3호가가 보여지고 있다.

주식을 거래하는 사람들이라면 현재가창이 거래의 시작이며 최종이라

는 말에 모두 공감할 것이다. 따라서 초보투자자들은 본격적으로 주식 거래를 시작하기 전에 현재가창을 보며 지지·저항점을 파악한 뒤 소량의 주식으로 연습매매할 것을 권한다. 단기매매를 하는 분들 중에는 오직 이 현재가창만 보고 매매를 할 정도로 현재가창엔 주가의 지지·저항점과 매매타이밍이 나타난다.

현재가창에서 지지·저항점 찾는 법

현재가창에서 지지·저항점을 찾으려면 현재가창의 매수가와 매도가의 주문량을 파악해보자. 간단하게 설명하자면 각 호가의 수량이 많을수록 지지·저항점이 될 거라고 생각하면 거의 틀림없다.

예를 들어 〈그림 1〉의 삼성중공업 현재가창을 보면 매도창에는 7호가에 큰 물량이 있고, 매수창에는 2호가에 큰 물량이 있다. 현재가창에서 지지·저항점은 이와 같이 물량이 많은 호가가격이 된다. 따라서 매수 2호가 12,100원에 107,000주의 매수량 주문이 있기 때문에 이 가격대(B)가 지지점 역할을 해주고 있다.

현재가창으로 판단할 때 A가 물량이 가장 많고 바로 그 앞에도 8만여 주, 6만여 주가 더 있기 때문에 주가가 상승한다면 최대 상승폭은 A지점(12,500원)이나 그 이전에 저항을 받아 하락할 것이라고 추측할 수 있다. 만일 주식을 매수할 목적이라면 지지점(B) 바로 앞에 매수 주문을 넣어야 하고, 매수했다면 저항점(A) 앞에 매도 물량을 내 놓아야 한다. 그러나 대로는 주가가 미처 저항점에 도달하기 전에 방향을 바꾸는 경우도 발생할

그림 1 　삼성중공업 현재가창

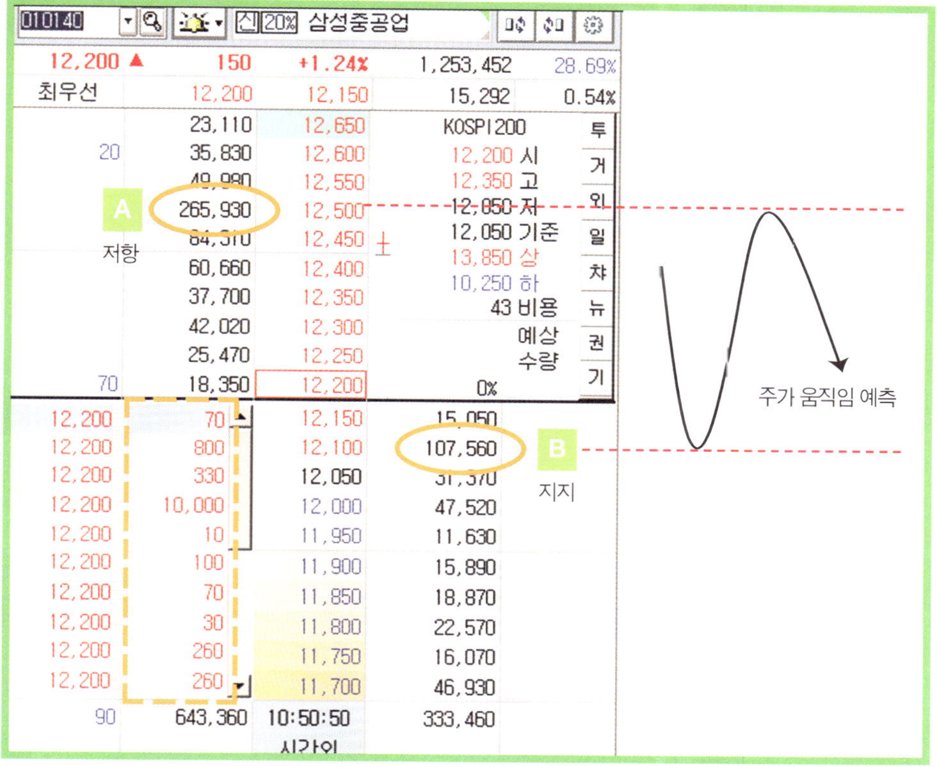

수 있는데 주식에 대한 어느 정도의 경험이 쌓인다면 이런 경우를 미리 알아낼 수 있다.

　그리고 주식체결창에서 체결되는 거래량이 호가 위에서 체결되는지 (위 호가로 사는), 호가 아래에서 체결되는지(아래 호가로 파는)를 살펴보면 저항대나 지지대 가격까지 오기를 기다리기 전에 매수해야겠다는 판단이 서게 된다.

매도호가의 잔량을 기억하자

매매주문을 할 때는 현재가창의 지지·저항점(매도량·매수량이 가장 많은 호가)을 찾아보고 매수 주문이라면 지지점 바로 앞이나 지지점에 주문을 넣자. 그리고 매도 주문이라면 저항점 바로 이전이나 저항점 가격에 주문을 넣자. 주가가 강하다면 지지점이 되는 호가 물량이 많은 가격대 바로 앞에 매수 물량을 내놓아야 확실하게 매수할 수 있다. 필요하다면 지지점 호가보다 한 호가가 아니라 몇 호가 위에서 매수할 수도 있다.

매도 또는 매수를 위해 주문을 넣을 지점이 정해지면 가능한 한 빨리 주문을 넣되 주문호가(가격)의 매도 잔량을 기억하자. 왜냐하면 주문은 선착순으로 체결되는 것이 원칙이기 때문이다(시간 우선의 원칙).

〈그림 2〉의 삼성중공업 현재가창과 같이 저가에 매수하여 현재 이익을 실현하고 남은 250주를 11,600원에 매도하려 한다. 매도 물량을 살펴보니 11,650원에 14만 주가 있다. 만만치 않은 저항이 예상되기 때문에 11,600원이 좋은 매도타이밍이라 하겠다. 이때 먼저 나와 있는 매도 물량을 기억하고 있어야 한다. 왜냐하면 시간이 지나면 다른 사람들의 매도 물량이 추가되거나 이전의 물량이 빠져나가 많은 변동이 있기 때문이다. 현재가창에서 따져보니 59,300주가 된다(59,550주 - 250주).

시간이 지나 매도호가 11,600원에 먼저 주문을 넣은 매도 물량이 빠지기 시작하고 있다. 이때 체결되는 양을 체크하여 자신의 물량 위치를 파악해야 한다. 그래야만 시장에 정확하게 대응할 수 있으며, 가장 고가에 팔고 나올 수 있다(같은 가격에서는 선착순에 의해 매도 순서가 정해짐).

그림 2   삼성중공업 현재가창

| 010140 | ▼ 🔍 | 🌟▼ | 신 20% | 삼성중공업 | | 🔃 | 🔃 | ⚙ |

11,550 ▲		650	+5.96%	3,049,912	124.37%
최우선		11,550	11,500	34,687	1.32%

	164,420	12,000	KOSPI200		투
	83,760	11,950	10,800 시		거
2차 저항	100,960	11,900	11,700 고		외
	63,710	11,850	10,800 저		일
	73,200	11,800	10,900 기준		
	26,390	11,750	12,500 상		차
	90,910	11,700	9,300 하		뉴
1차 저항	141,730	11,650	41 비용		권
250	59,550	11,600	예상		
	26,010	11,550	수량		기
			0%		

11,550	1,000 ▲	11,500	4,010
11,550	1,040	11,450	35,090
11,500	330	11,400	27,590
11,500	300	11,350	29,020
11,500	410	11,300	63,490
11,500	100	11,250	23,570
11,500	100	11,200	23,550
11,550	420	11,150	15,320
11,550	50	11,100	29,810
11,500	10 ▼	11,050	36,980

250	730,640	12:14:09	288,430
		시간외	

215

현재가창과 분차트의 조합

〈그림 3〉의 한솔CSN의 일봉차트나 분차트를 보면 당일 고점이 2,100 원으로 나타난다. 앞서 주가가 고점을 돌파할 때의 매수법은 고점매수법을 알아보았고 고점을 돌파하면 주가가 급등하는 것도 살펴보았다. 분차트를 살펴보니 고점 2,100원을 찍고 조정을 받은 후 다시 2,100원을 향하고 있다. 이제 이 고점은 최근의 신고가가 된다.

현재가창을 보니 2,100원에 13만 주라는 많은 매물이 쌓여 있어 저항선

그림 3 현재가창 / 일봉차트 / 분차트

216

임을 알 수 있다. 분차트를 보아도 같다. 이변이 없다면 2,10C원에서 틀림없이 저항받게 될 것이다. 그리고 2,100원을 돌파하면 2,100원 이후 호가들의 매물들이 적어 주가는 크게 오를 것으로 예상할 수 있다.

일봉차트를 보는 사람이나 분차트를 보는 사람들 모두가 저항대가 어디이며, 고점돌파 가격이 어느 지점인지 알고 있다. 현재가창만 보고 매매하는 사람도 〈그림 3〉의 현재가창만 보아도 지지·저항점을 쉽게 알 수 있다.

그러나 현재가창이나 분차트만 보고 매매한다면 나무만 브고 숲은 못 보는 것이며, 일봉차트만 본다면 숲은 보지만 나무를 못 보는 격이라 할 수 있다. 따라서 이 세 가지를 동시에 살피며 매매한다면 어떤 경우에서도 최상의 매매타이밍을 잡을 수 있다.

만약 증권사 거래시스템으로 매매한다면 컴퓨터 화면을 〈그림 3〉처럼 현재가창, 일봉차트, 매물대차트, 분차트, 곧 소개될 선물 분봉차트 그리고 실시간 속보 등으로 구성한다면 매매준비를 완벽히 했다고 할 수 있다.

근. 허수주문 분석과 대처법

현재가창에서 호가별 물량을 보고 지지·저항점을 판단하는 것은 일반적인 매매법이지만 간혹 의도된 허수주문이 들어와 시장을 교란시키는 경우가 있다. 허수주문은 가짜 주문을 말하는데 실제로 매매할 의사가 없으면서 매수·매도 물량의 9호가 내에 주문 넣는 것을 말한다.

가장 일반적인 허수주문은 주식을 보유한 자가 매도 9호가 내에 미리 주문을 넣고, 동원할 수 있는 최대 매수 물량을 매수 9호가 내에 주문하여 주가 상승을 유도시켜 자기 물량을 소화하는 방법이다. 일반인들은 보통 매수 3호가 이하에서 9호가 이내에 허수물량을 넣는다. 하지만 시세조정 꾼들은 매수 2호가나 3호가 심지어 매수 1호가에도 엄청난 매수 물량을 올려놓고 일반투자자들을 현혹시켜 주가를 인위적으로 상승시킨다.

요즘에는 허수주문 기법도 다양해져 아래에서는 물량을 받치고 위에서는 수백, 수천 주를 연달아 위 호가로 매수해 매수 우위의 분위기를 조성하는 고단수꾼들도 있다. 그들은 어차피 주가가 오르면 추가로 매수한 물량도 손해나지 않고 처분할 수 있다는 계산이거나 '대를 위해 소를 희생하겠다'는 생각인 것 같다. 이런 경우 매수 주문이 들어온 창구(증권사)를 찾아보면 한 창구에서(거래 증권사) 매수되었음을 알 수 있다. 그러나 요즘은 여러 창구를 이용해 매수 주문을 조작하는 지능성을 보이고 있다.

허수주문을 넣는 세력들도 아무 때나 주문을 넣지는 않는다. 이들은 주가가 오를만할 때나 주가 내릴만할 때를 노려 몇 배의 효과를 거둔다. 허수주문은 자기 물량을 확보하기 위해서 남의 물량을 털어내는 경우도 많다. 가장 단순한 허수주문은 먼저 매수해 놓은 물량을 매도 3, 4, 5, 6호가 정도에 올려놓고 매물벽을 두껍게 쌓아 심리적인 부담을 주어 주가를 못

오르게 한 상태에서 자기 물량을 확보하는 방법이다. 또 하나는 상승 중인 주가에 매도 2호가나 3호가에 부담을 느낄 만한 매도물량을 올려놓는다. 그런 뒤 불안심리가 반영되어 매도세가 강해진 듯 매도 1호가에 엄청난 물량을 올려 일시적인 주가의 하락(또는 급락)을 유도한다.

여기에 효과를 극대화시키기 위해 자기가 허수로 올려놓은 2, 3호가 매도 물량 중 일부를 정정해 체결 가능한 호가로 팔아버리면 2, 3호가에서 정정해 매도한 물량은 현재가창에 파란색 글씨로 나타나게 되고, 체결창에도 파란색 글씨로 체결된 매도 물량이 나와 불안감을 조성하면 매도심리를 크게 유도할 수 있다. 그 외 주가가 떨어지지 않을 정도로 매도 3, 4, 5, 6호가에 매도 물량을 올려놓고, 때가 되면 그 물량을 치워버려 주가 상승을 유도하는 방법 등 허수주문은 셀 수 없을 만큼 많다. 매수의 경우에 역으로 적용된다.

허수주문은 고가의 대형주보다는 소형주나 잡주들에서 많이 발생하므로 초보투자자들은 가능한 한 중·대형주로 안전하게 매매하면 피해볼 확률이 줄어들 것이다. 그리고 허수의 유형이라고 생각되면 피하자. 그들이 노리는 것이 바로 초보투자자들이기 때문이다.

투자에 미숙한 초보투자자들도 많은 경험을 하다보면 허수주문에 대처하는 방법을 자연스럽게 터득할 것이다. 그러나 중·고수가 되면 오히려 이들이 없으면 주가가 오르지 않아 주식할 맛이 안 난다며 아쉬워할 날도 있을 것이다. 그때를 대비해 많은 경험과 지식을 쌓아두기 바란다.

주식체결 우선순위

주식시장에서 주문 체결 순위는 가격, 시간, 수량 순이다.

가격우선 원칙이란, 어떤 사람이 주가를 100원에 산다고 주문했을 때 동시에 110원에 사겠다는 사람이 있다면, 110원 물량을 우선 체결시키는 시장원리다. 우리나라는 호가별로 가격이 달라진다.

시간우선 원칙이란, 같은 가격이라도 접수 순서에 따라 체결 순위가 결정된다. 예를 들면, 매수될 가격에 주문을 넣었는데 주문 체결이 안 되었거나 일부만 체결되었다면 가격 우선, 시간 우선에서 밀린 것이다.

수량우선 원칙이란, 같은 조건이면 수량이 많은 주문이 적은 주문에 우선한다. 즉, 가격이 같다면 수량이 많을수록 우선 체결되는 원칙이다.

시간외 단일가 매매제도

1. 시간 외 단일가매매제도는 2005년 5월 28일 ECN시장이 폐쇄되면서 장 마감 후 거래수요를 충족하기 위해 도입됐다. 정규시장이 마감된 후 오후 3시 30분~6시까지 30분 단위로 매매가 체결되는 시간 외 단일가매매로 거래가 이루어진다.
2. 유가증권시장, 코스닥시장 등의 체결가격은 종가를 기준으로 ±1~2% 이내에서 결정되는 것이 보통이다.
3. 가격 변동은 당일 종가를 기준으로 ±5% 한도가 허용되며(정규시장의 가격 제한 폭 범위 내 한도) 대상 종목은 유가증권시장과 코스닥에 상장된 모든 종목이 해당된다.

3. 체결시간 단축법

마우스와 키보드 연습

주식투자를 하다보면 정확히 타이밍을 잡아 빠르게 매수·매도 주문을 넣었는데도 결과를 보면 일부만 매수되거나 아예 체결이 안 되는 경우가 많다. 만약 증권사 거래프로그램으로 매매한다면 우선 주문 방법 외에 몇 가지 요령을 더 익혀두자.

급박한 상황이나 정확한 판단을 내렸다고 생각될 때 남들보다 빨리 주문을 체결시키기 위해서는 컴퓨터 다루는 실력도 있어야 한다. 그러기 위해서는 컴퓨터 화면에 매수·매도창과 현재가창을 띄워놓고 마우스로 현재가창의 원하는 가격을 찍고(마우스로 가격을 찍으면 그 가격이 매수·매도창에 가격으로 자동 입력됨) 수량 기입란에 원하는 수량을 재빠르게 쳐넣어야 한다. 만약 컴퓨터에 익숙하지 않다면 꾸준히 연습하여 실력을 향상시키자.

요즘에는 증권 거래프로그램이 좋아져서 마우스만으로 원하는 가격과 수량을 마음대로 조정할 수 있다 . 그러나 가격 입력하는 것이라면 모를까 매매 수량은 키보드를 이용하는 것이 훨씬 빠르고 정확하다.

필자도 가끔은 워드프로그램을 열어놓고 키보드 오른쪽에 있는 숫자판을 치는 연습을 한다. 만약 키보드에 익숙하지 않다면 주민번호, 전화번호 등 목적하는 숫자를 가능한 한 빠르고 정확하게 입력해보자. 아마

처음엔 틀린 것이 많을지도 모르지만 자주 연습하다보면 엄청난 속도에 자신도 놀랄 것이다.

매수·매도 주문창 준비

단기매매자가 아니라도 어느 정도 가격에 매매를 결정하면 매수·매도창에 원하는 수량을 미리 넣고 현재가창의 가격을 클릭만 하면 가격이 입력되도록 항시 준비하자. 만일 매도 주문이나 매수 주문을 내놓은 상황이라면 주문과 동시에 가격조정만 하면 될 수 있도록 항상 정정주문을 준비하자. 특히 매매주문을 넣는 것이 익숙하지 않은 초보투자자들은 더욱 철저한 준비를 해두면 좋다.

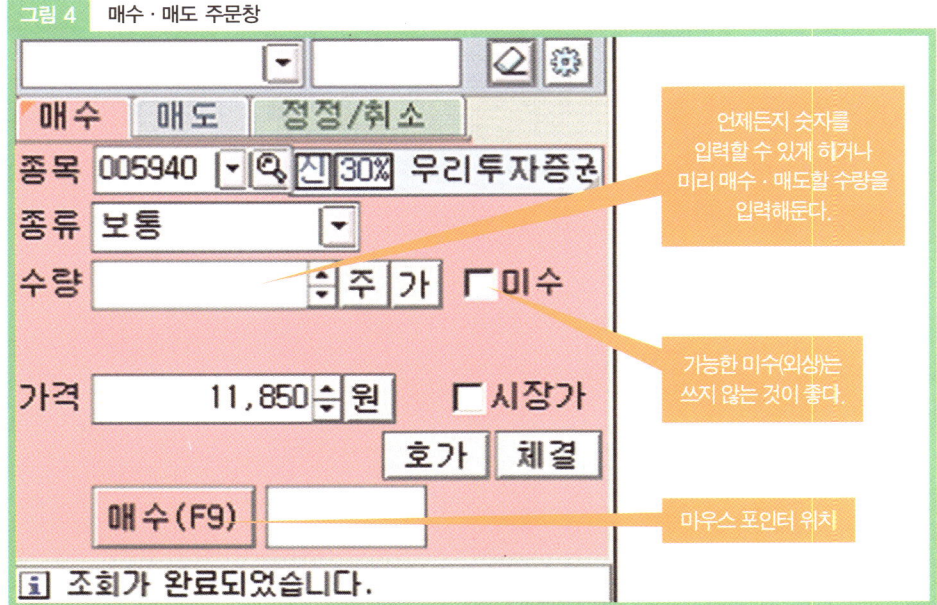

그림 4 매수·매도 주문창

언제든지 숫자를 입력할 수 있게 하거나 미리 매수·매도할 수량을 입력해둔다.

가능한 미수(외상)는 쓰지 않는 것이 좋다.

마우스 포인터 위치

222

참고로 거래소시장 종목과 코스닥 종목은 주문 체결 속도가 다소 차이가 있음을 기억하기 바란다. 코스닥은 개인투자자들이 많은 거래를 하기 때문에 서버의 속도가 빠르지만 거래소시장은 코스닥이 비하면 조금 늦는다. 그리고 주문자들이 폭증하는 종목이나 장이 시작된 직후에는 체결 속도가 늦어질 수 있으므로 이에 대한 준비도 해두는 것이 좋다.

비밀번호와 미수 사용을 미리 정하자

비밀번호는 미리 저장해 놓지 않으면 주문할 때마다 입력해야 하는 불편이 따른다. 만약 매매타이밍이라고 생각될 때 비밀번호, 수량, 가격 등을 입력한다고 생각해보자. 아마 목표한 가격대는 이미 몇 호가 위로 뛰었을 것이다. 따라서 비밀번호는 미리 저장해두면 시간을 줄일 수 있다.

미수는 매수하려는 총액의 20~40%만 있어도 주식을 살 수 있는 외상거래다(매수날을 포함해 3일 이내에 결제해야 함). 우량주식의 경우 자기자본의 5배까지 살 수 있다. 이 때문에 정확한 매매시점만 찾는다면 5배의 수익을 올릴 수 있으나 반대로 5배의 손실이 날 수 있음을 잊지 말자. 초보투자자들은 어느 정도 경험이 쌓기 전까지 절대 미수를 사용하지 말고 자기 자본만으로 투자하자.

선물을 활용한 매매법

현물이란 유가증권을 매매하는 것이고, 선물이란 KOSPI200에 편입된 종목들의 미래가치를 뜻한다. 초보투자자들은 선물이 오르면 주가도 오르고, 선물이 내리면 주가도 내린다고 간단하게 생각하면 된다.

미수결제일 하루 더 늘리는 법

보통 주식을 매수하면 매수 당일을 포함해 3일까지는 주식을 매매해야만 강제 매도당하지 않는다. 하지만 그렇지 못한 경우 좋은 방법이 없을까?

미수거래를 탄력적으로 운용할 수 있는 방법 중에 결제일을 하루 더 늘리는 방법이 있다. 이 방법은 매수 다음날만 가능하다(참고로 이 방법은 주식투자 경험이 있는 분들이 시도하면 유용하다). 매수한 다음날 주가가 지나치게 급등하든가, 예상보다 하락하면 당일 분차트를 보고 자기 물량을 고가에 매도한 후 장이 마감하기 직전에 매도했던 주식을 다시 싸게 매수하는 방법이다. 이때 매수할 수 있는 주식의 양은 매도했던 양과 같다. 결국 4일 만에 결제하는 모양이 된다. 아래 그림은 매수 다음날의 분차트의 움직임이다.

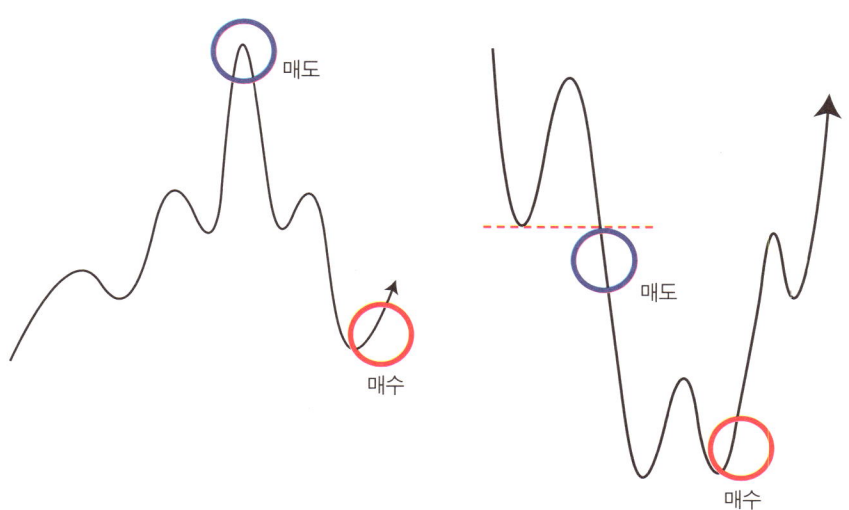

초보투자자들은 선물의 움직임을 잘 살펴보면 주식을 가장 싸게 매수할 수 있다. 어떻게 선물까지 신경써가며 투자하느냐고 할 수 있겠지만 그리 어려운 일은 아니다. 필자의 경우는 컴퓨터 화면 한 귀퉁이에 선물의 분차트를 배치하고 늘 관찰하고 있다. 이때 선물은 이동평균선은 모두 없애버리고 단순하게 만든 분봉차트를 사용하면 좋다. 선물 현재가에서는 체결되는 숫자들이 위아래로 나오겠지만 선물 봉차트는 이것을 봉차트로 전환한 것이기 때문에 선물의 현재가 화면과 같은 역할을 한다고 생각하면 된다.

그림 5 선물 분봉차트

예를 들어 선물 분봉차트가 양봉을 표시하고 있다면 누군가 선물 현재가에서 호가 위로 매수했다고 생각하면 되고, 잠시 후 양봉이 사라졌다면 누군가 호가 아래로 팔았다고 생각하면 된다.

〈그림 5〉의 선물 분봉차트에 나타난 C와 같이 매수세가 매도세보다 강하면 선물은 양봉을 계속 이어갈 것이고, 시차를 두고 현물(주가/종합지수)이 따라가며 급상승할 것이다. 주가가 오르면 종합주가지수와 같이 움직이는 종목일수록 상승이 크므로 선물을 보면 정확한 매매타이밍을 잡아낼 수 있다.

초보투자자들은 C보다는 A, B와 같이 선물 하락 후나 급락 후 반등하는 지점에서 매수하면 싸게 매수할 수 있다(주가는 2시~2시 30분 사이 장 마감을 앞두고 정리 매물로 이유 없이 급락하는 경우가 종종 있으므로 이 시간대를 이용하면 주식을 싸게 매수할 수도 있다). 이때 코스닥보다는 거래소 종목이, 소형주보다는 중·대형주가 선물의 움직임과 같이 움직일 확률이 높다(분차트와 선물차트를 비교하면 쉽게 알 수 있다).

그러나 주가의 방향을 종잡을 수 없는 소형주라도 선물이 급락하거나 급등하는 경우, 대형주보다 더 출렁거리는 경우도 있다. 이 때문에 선물차트는 주식차트들과 함께 한 화면에 같이 배치하는 것이 가장 이상적이다(종합화면 배치 참고).

4. 온라인 거래, 실전 컴퓨터 화면 구성법

증권사 거래프로그램을 활용할 때는 자신에게 맞는 종합화면을 구성해두면 실전에 큰 도움이 된다. 전천후로 활용할 수 있는 화면 구성법을 소개하면 다음과 같다. 좌측에 종목과 거래원을 띄워 놓으면 외국인투자자들의 매매현황을 한눈에 볼 수 있고, 아래에는 속보, 종합지수현황, 매수·매도창을 놓으면 화면 배치는 끝난다.

그림 6 현재가창 / 선물 분봉차트 / 거래소 종합주가지수 / 분차트

화면을 구성할 때 일봉차트와 분봉차트를 동시에 배치할 수 있지만 꼭 두 개의 차트를 같이 놓지 않아도 된다(하나의 차트로 일봉차트와 분봉차트를 돌려가며 볼 수 있다). 초보투자자라면 화면을 잘 알아볼 수 있게 단순화하는 것이 좋다. 관심종목 가운데 가장 중요한 현재가창을 놓고 좌측에 거래원과 관심종목을 둔다. 하단에는 매수·매도 창과 체결창을 둔다. 저가매수 고가매도를 위해서는 선물의 움직임을 포착해야 하므로 우측 상단에 선물 분봉차트와 당일 종합주가지수차트를 놓는 것이 좋다.

차트를 보면 선물이 약 15분 정도 계속 음봉을 보이고, 양봉이 출현해 반등을 시도해도 종합주가지수는 미동도 하지 않는다. 선물의 반등이 틀림없다면 종합주가지수도 곧이어 상승할 것이다.

당일 지수보다도 더 강한 종목인데도 선물이 워낙 하락하니 동반 하락한 것이므로 이런 종목은 선물이 반등할 때 같이 매수하는 것이 주식을 싸게 매수하는 방법이다. 현재가창을 보면 먼저 눈치 챈 세력(기관으로 추정)이 위 호가로 1만 주 정도 매수하고 있다. 그냥 사는 것이 아니라 틀림없이 선물을 보고 사는 것으로 보아야 한다.

그림 7 초보투자자들의 온라인 거래를 위한 컴퓨터 화면 구성법(HTS 화면 배치)

그림 8 거래원정보창 / 현재가창 / 종목창 / 매수 · 매도 주문창 / 각종 정보창 / 실시간 체결창

| 기능(F) | 주식 | 주식주문 | 신용/대출 | 투자정보 | 차트 | 선물옵션 | 선/옵주문 | 리서치 | 키워드림 | SPECIAL | 온라인 |

| 영업 | 신용/담보/증거금20 | | | 000720 | ▼ 🔍 | 🔔 ▼ 신 20% 현대건설 | | |

| | | | | 33,550 ▲ | 400 | +1.21% | 687,116 | 88.74% |

| 거래원 | 투자자 | 뉴스 | 재무정보 | 최우선 | 33,600 | 33,550 | 22,923 | 0.63% |

	매도상위	매수상위	증감
8,000	85,940 대 우	현 대 103,270	6,260
2,750	79,430 우리투	삼 성 80,160	1,090
650	78,870 현 대	대 우 76,840	1,460
1,200	69,130 키움닷	우리투 59,150	3,180
8,680	63,700 삼 성	C S F 58,850	3,000
	10,410	외국계합 58,850	3,000

	1,230	34,050	KOSPI200	투
	17,740	34,000	33,000 시	거
	9,500	33,950	33,800 고	외
	6,790	33,900	32,800 저	일
	6,650	33,850	33,150 기준	차
	5,650	33,800	38,100 상	뉴
	3,120	33,750	28,200 하	권
	5,930	33,700	118 비용	기
	910	33,650	예상
	1,630	33,600	수량
			0%

| 📈 | 대형주 | ▼ 등록 ■ ▼ 코드등록 □ 0 |
| 1 | 2 | 3 | 4 | 5 | 6 | 7 |

신	종목명	현재가	대비	등락율	거래
	한국타이	12,900 ▲	500	4.03	724,
	기아차	15,650 ▼	100	0.63	821,
	하이닉스	20,600 ▼	950	4.41	8,316,
	한진해운	24,400 ▼	450	1.81	927,
	현대건설	33,550 ▲	400	1.21	687,
	삼성화재	97,200 ▲	6,700	7.40	249,
	삼성물산	15,700 ▼	300	1.88	1,361,
	한화	19,400 ▼	600	3.00	734,
	CJ	68,800 ▼	200	0.29	105,
	LG상사	12,600			238,
	동국제강	18,450 ▲	50	0.27	496,
	제일모직	21,850 ▲	500	2.34	965,
	SK네트웍	15,700 ▼	50	0.32	21,
	오리온	46,000 ▼	500	0.34	28,566
	KCC	11,500 ▲	1,500	0.71	16,520
	태평양	80,500 ▼	5,000	1.75	18,657
	하나은행	32,250 ▲	250	0.78	1,220,192
	금호산업	16,000 ▲	300	1.91	419,480
	태광산업	12,000 ▲	8,000	1.32	1,147
	현대증권	10,300 ▼	100	0.96	6,991,630
	한진중공	18,700 ▲	350	1.91	224,712
	대한항공	18,850 ▼	50	0.26	497,914
	대신증권	15,000 ▼	200	1.32	700,853

33,550	36 ▲	33,550	7,260
33,550	36	33,500	5,450
33,550	60	33,450	1,470
33,550	5	33,400	4,090
33,550	268	33,350	470
33,550	36	33,300	590
33,550	4	33,250	4,840
33,550	4	33,200	2,650
33,550	7	33,150	4,010
33,550	10 ▼	33,100	550
	59,150	15:29:06	31,380
		시간외	3,851	36

매수	매도	정정/취소	[0341] 실시간계
종목	000720 ▼ 🔍 신 20% 현대건설		미체결 잔고
종류	보통 ▼		계좌번호
수량	⬍ 주 가 □ 미수		
가격	33,550 ⬍ 원	□ 시장가	
		호가 체결	
	매수(F9)		

| KOSDAQ종합 521.38 ▲ 3.04 | KOSPI 종합 1,115.84 ▼ 0.84 | 18:58:52 이마트 |
| NASDAQ 2,141.41 ▲ 5.65 0.27% | DOWJONES 10,569.89 ▲10.66 0.0% | 환율 ₩/$ 1,027. |

※화면의 좌측 상단의 거래원은 당일 외국계 창구의 거래현황이다. 빨간색 글자는 외국인투자자들의 매수 돌량으로 실시간 관찰이 가능하다.

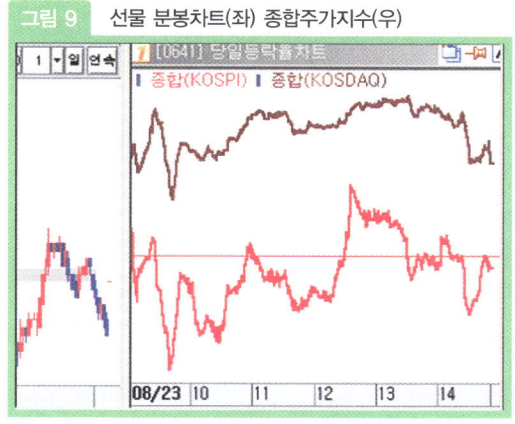

그림 9 선물 분봉차트(좌) 종합주가지수(우)

종합주가지수의 움직임과 선물의 움직임을 비교해보면 거의 비슷한 흐름임을 알 수 있다. 선물이 종합주가지수보다 먼저 움직이므로 종합주가지수와 같이 움직이는 종목들의 매수타이밍은 선물로 잡으면 빠르고 정확하다.

그림 10 일봉차트(상)와 체결·계좌확인창(하)

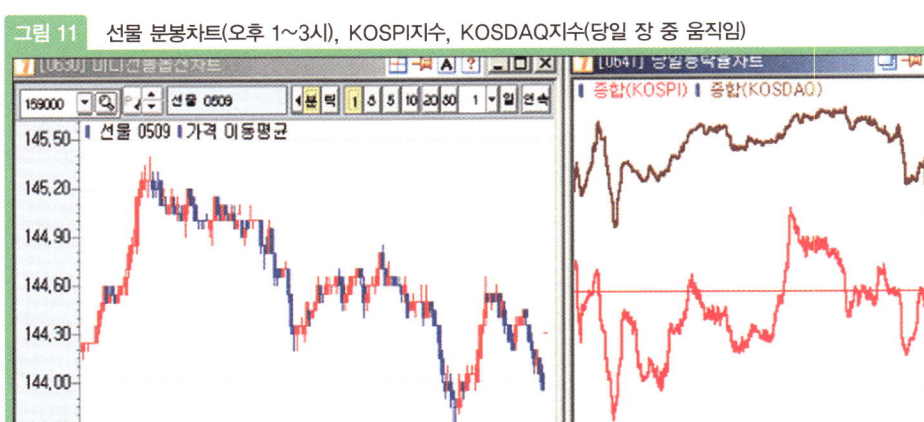

그림 11 선물 분봉차트(오후 1~3시), KOSPI지수, KOSDAQ지수(당일 장 중 움직임)

코스닥시장의 매매제도가
2005년 7월 18일부터 거래소시장과 같은 수준으로 개선됨

1. 코스닥 동시호가시 수량 배분방식 개선
   ◇ 현행 : 100주, 1/10, 1/5, 1/3, 1/2, 잔량 순
   ◇ 변경 : 100주, 500주, 1000주, 2000주, 1/2, 잔량 순

2. 조건부 지정가 호가 신설(10월 24일 시행)
   ◇ 종가 전까지 체결이 안 된 수량에 대해 종가 결정시 시장가로 전환되는 호가.

3. 공매도 호가의 가격 제한범위 확대
   ◇ 현행 : 직전가 미만 호가 금지(직전가 가능)
   ◇ 변경 : 직전가 이하 호가 금지(직전가 불가능)

   공공법인이 시간 외 대량매매를 통해 자사주를 매입할 경우
   원활한 자사주매매를 위해 당일 결제를 허용.